基于新课程标准的课例研究丛书

丛书主编　谢永红　黄月初

U0740624

湖南省"十四五"教育科学普通高中教育研究基地阶段性研究成果

湖南省"十四五"教育科学规划省级重点资助课题（基地专项课题）"核心素养视域下普通高中人本课程体系构建与实施研究"（XJK22ZDJD36）阶段性研究成果

湖南省"十三五"教育科学规划省级一般资助课题"普通高中学生生涯发展规划教育研究"（XJK20BJC047）研究成果

普通高中学生
生涯规划教育课例研究
——学科生涯

主编　黄月初　袁春龙

湖南师范大学出版社

本册编委会名单

主　编：黄月初　　袁春龙

副主编：向　阳　　周育苗　　彭建锋　　温　宇

编　委（以姓氏笔画为序）：

邓　慧　　左小青　　朱昌明　　刘　熠　　陈　超

杨　婷　　李志艳　　李　浩　　李小军　　胡玲玲

赵优良　　殷艳辉　　蒋平波　　曾　心　　黎　敏

总

序

湖南师大附中：一道仰望的教育风景

刘铁芳

　　湖南师范大学附属中学离教科院很近，同在岳麓山下的桃子湖边上。青山秀水，让附中置身美丽的风景之中。附中在桃子湖路中间的高坡上，每每从附中门口路过，总是要抬头一望，附中就在我仰望之中的高处。一道道阶梯，拾级而上，附中就是一道高处的风景。岳麓给附中敞开一份秀丽，附中给岳麓增添一道光彩。

　　附中何以成为一道仰望之中的精神之风景？这当然是源于附中充满荣光的历史。湖南师范大学附属中学创建于1905年，她的前身是民主革命先驱禹之谟先生创办的惟一学堂，是一所文化底蕴深厚、办学成绩卓著的百年名校。一百一十多年来，学校培养了大批革命志士和科技、经济、文化人才，无产阶级革命家、中国工人运动杰出领导人李立三，国务院前总理朱镕基，艺术巨匠欧阳予倩和黎鳌、黎介寿、黎磊石、张履谦、朱之悌、何继善、朱作言等中国科学院、中国工程院院士是其中的杰出代表。

　　这种历史不仅仅是过往的，同时也是正在发生的，是过去的历史融汇于当下，成为当下的学校精神，是当下附中人的执着、热情与智慧创生着学校的历史。这些年来，在应试之风弥漫我国高中教育的时候，在长沙中学教育版图之中被民间冠之以"天堂"之称的附中展现出一种别具一格的精神气质。这种精神气质主要地表现在三个层面：

一是以个性与活力为中心的全面发展理念作为学校教育的基本目标。这些年来，附中始终坚持人本理念、魅力德育、特色课程、灵动课堂、综合实践与多元评价，为学生全面而有个性的发展搭建了广阔平台，释放了学生的自主发展力和创新力。除学业水平考试和高考成绩稳居湖南省前列、素质教育成效显著外，近五年来，附中共有百余名学生荣获省级以上荣誉，共摘得国际奥林匹克学科竞赛金牌9枚、银牌4枚、亚洲金牌3枚，大批学生在科技创新大赛、丘成桐数学竞赛、机器人比赛、小创造小发明等活动中摘金夺银获专利，其高素质创新人才培养硕果累累，学生们展现出了巨大后续发展力。更为难得的是，附中学生每年还安排一周时间参加农村生活体验、企业生活体验和军营生活体验，这足以看出附中对培育德智体美劳全面发展中学生之教育理想的坚守。

二是以多样课程与研究性教学为中心的课程与教学方式作为学校教育路径。在课程建设方面，附中一直以悠久的历史、持续的探究和显著的成效而著称。进入新世纪以来，以课程建设为主要内容的研究成果，如：《拓展性课程研究》《普通高中新课程校本化实施研究》《湖南师大附中现代教育实验学校建设的实践与探索》《普通高中研究型教师校本培养创新实践探索》《"减负提质增效"的教学改革——激发师生自主性的"自分教学"理论与实践》等曾获得湖南省基础教育教研教改成果奖一等奖，湖南省基础教育教学成果奖一等奖，湖南省基础教育教学成果奖特等奖和国家基础教育教学成果奖二等奖。课堂教学作为课程实施的主阵地，既是全校师生关注的焦点，也是全体教师研究工作的重中之重，仅从2014年到2019年，附中就有100余节课例在全省、全国获奖，其中获得全国一等奖以上的课例就有10节，涵盖了语文、数学、英语等各个学科。

与此同时，附中立足于科研兴校，鼓励老师们在课堂内外进行诸种探索，以课例研究引领学校教育教学改革与发展。他们认为，一个好的课例研究应该是：问题有特别价值，行为有实际根据，内容须清晰具体，研究具可操作性。他们通过自我反思、同伴互助、专业引领等方法，从"课""人""班""级""目的""媒介"等多个维度设计和研究课例，并在实践中不断反思调整，形成了具有一定附中特色的课例研究路径。笔者多次亲临观摩该校的共产党员示范课、同课异构竞赛课、同课异构研讨课等课例研究课，其中语文老师肖莉所上的《将进酒》给笔者留下深刻印象。肖老师把教学重点落在"审美鉴赏和创造"这一核心素养的培养上，通过朗读品鉴去理解诗人丰富的情感世界，通过小组合作来探究酒对诗人情感抒发所起的作用。她深厚的文学底蕴、大气磅礴的范读、巧妙的追问和学生的活跃的思维、精彩的回答相得益彰，即使是笔者这个非语文学科的教师也沉浸其中。

附中的心理健康教育课也受到广泛的关注。他们的课以学生喜爱的活动、体验等方式来引导学生发现、思考、探索，具有很强的专业性。例如，李志艳老师的"能力大观园，精通是王道——探索我的能力"这一课，其教学方法融合了讲授法、直观演示法、讨论法与任务驱动法。它以学生的职业理想为基点，通过讲授多元智能，绘制能力雷达图、进行能力卡片练习等直观演示，让学生看到自己能力的全貌与能力的分布状态，并创设以目标为导向的任务驱动，促使学生朝向梦想职业的价值方向迈出坚实的行动。整堂课以"乡村超模"首秀为情境导入，以"乡村超模在纽约时装周"来结束，注重情境创建的一致性和连续性，更好地体现了以目标为导向的练习模式对出彩人生的馈赠与奖励，也蕴含职业生涯发展中的一个千古不变的规则——"精通是王道"。

三是以积极进取与全面素养发展为取向的教师发展模式作为学校教育的根本支撑。2018 年以来，学校先后被确立为湖南省"十三五""十四五"教育科研研究基地，"学术治校"成为学校改革发展的法宝。科研兴校，学术治校，不仅造就了附中浓厚的研究氛围，更重要的是促使大批师德高尚、富有情怀、专业素质高、创新能力强的研究型教师迅速成长。近五年来，参与各级各类课题研究的教师比例超过80%，正式出版著作、教材近30种，发表论文超过500篇，60 多人拥有各类社会或学术团体兼职，大批教师成为"全国优秀教师"、国家"万人计划"教学名师、国培项目专家、未来教育家培养对象、省市名师工作室首席名师等，大批教师荣获国家级、省级荣誉。勤奋踏实而又善于开拓进取的教师，正是一所中学之为优秀中学的根本保障。

附中毕业生、现为北京大学研究员的吕华曾以《恩师：我人生的催化剂》为题，这样描述深深影响他的苏建祥老师：

人生就像化学反应。一个人从反应物"起始的我"蜕变成为产物"全新的质变的我"，这个脱胎换骨过程有很多内外因素和节点，好比化学反应中所需要跨越的活化能，而老师就是催化剂，在学生的人生道路上帮助他们越过原本很高的反应能垒，完成其中的质变。我的成长就得益于母校湖南师大附中众多老师的催化，班主任、化学奥赛教练苏建祥老师更是让我难以忘怀影响终身的催化剂。……催化往往就发生在某些特定的瞬间。摄影里有一个著名的概念叫作决定性瞬间（*the decisive moment*），"恰好有一个瞬间，所有元素（人、地、物）均各得其所，并同时展现出特定内涵和意义"。苏老师特别善于把握学生成长的"决定性瞬间"，观察学生细微的心理波动和变化，然后不动声色地加以引导和化解。竞赛班的学习非常辛苦，有位外地同学有段时间不太顺利，心烦意乱之下私自回老家休息调整去了，苏老师本着爱护的态度没有对他施以压力，而是耐心地和他私下交流，予以开导，最终让这位同学解开心结回到学校学习。这件事情直到我们毕业多年，同学聚会酒酣耳热之际，苏老师才当着那位同学的面向我们透露。

催化学生乃是在学生发展的关键时刻，找到学生发展的关键时机，让学生找到成长的方向与动力，进而整体地改进学生成长成人的轨迹。催化学生之得以可能，关键在于教师的两大核心素养：一是对学生的切实的爱与关怀，正是附中老师们对学生深切的爱与关怀，教书育人的工作才得以超越作为一般职业化的行动，而能转化成为心志之业，转化成有赖于自我身心整体投入的生命的事业，由此而奠定催化学生的内在基础；二是对教育、对课程与教学有深度的理解与实践的智慧，正是附中老师们虚心好学、涉猎广泛、知识渊博，才能不断地创生催化学生的契机。学化学出身、深深领悟中学化学之道的苏建祥老师无疑是善于催化学生的优秀教师，但他只是优秀附中教师群体的代表，还有一位位像苏建祥一样的附中教师，怀揣着对学生的爱与积极进取的教育实践智慧，一次又一次、一拨又一拨地催化学生，给予学生以高贵而长久的生命记忆。

今日，附中办学定位是用五至十年的时间建成研究型卓越高中，从而把研究的视域从课程、课堂扩展到学校生活全领域，涵盖研究型课程、课堂、教师、学生、氛围和平台等。学校力求以研究型学校建设为抓手，以建设一支富有情怀、长于实践、崇尚研究的卓越教师团队为基础，以开发研究型课程、创设研究型课堂、开展课题研究和搭建研学平台为手段，形成以研究为主导的共同价值观、以研究为特质的教育教学新常态和崇尚学术、勇于创新的良好风尚，实现优质高中向卓越高中的跨越，以培育具有研究特质的学生，为培养在社会各个领域具有浓厚人文情怀、强烈社会责任感、坚实知识基础和较高研究素养，能用科学方法探索世界、创造生活的高素质创新型人才奠基。这可以说是附中在新时代的又一次重新起航与自我超越。

附中百年校庆之际，校友捐赠以大石碑，石碑立于上坡台阶侧面，上面刻以八个大字——成民族复兴之大器。这是百年附中内在生长出来的学校之魂，这是从旁边走过的人们抬头仰望的精神之风景，这是让附中师生依偎在一起，在教与学的积极互动中不断向前的精神力量。那长久地支撑附中人，一拨又一拨、一辈又一辈，走进来、走出去的老师和同学们孜孜以求、向前发展的，正是"成民族复兴之大器"的生命渴望，是对民族对国家发展的倾情期待与责任担当。

　　匆匆写下我的感想，这既是我从对过去之附中的有限了解而做出一点个人性的解读，同时也是我对附中之未来的期待，更是我对当下中学教育改革的期待。正大高远的培养目标、切中肯綮的学校改革、求索不止的教师发展、照亮心灵的学校精神，这就是附中昭示于人的教育风景。愿附中，愿我们的整个中学教育，乃至整个中国教育在当下以至未来，站得更高，看得更远，走得更坚实，更有力量。

2023 年 9 月 30 日

（作者系湖南师范大学教育科学学院院长，教授）

序
言

成长为自己的样子

——学科生涯为当下助力、为未来奠基

黄月初

  非常荣幸地向您呈上这本《普通高中学生生涯规划教育课例研究——学科生涯》，本书旨在为普通高中生涯规划教育提供一系列精心设计的课例，将学科教学与生涯教育有机地融合在一起。通过这种整合的教学方法，我们致力于帮助学生们更好地理解学科知识的实际应用，培养跨学科思维和解决问题的能力，并引导他们为未来职业生涯做好充分准备。

  在当今快速发展的社会和竞争激烈的就业市场中，传统的课堂教育已经不能满足学生们发展的需求。学生们需要更多的机会来了解自己的兴趣、优势和职业选择，并培养与职业相关的技能和素养。本书收录了一系列精心挑选的课例，涵盖了高中各个学科领域，帮助学生将所学的学科知识与现实生活情境相连接，提供实际应用的学习体验。

  每个课例都经过认真策划和实践验证，不仅注重学科内容的教授，更重要的是将生涯教育的理念融入其中。通过启发式的教学方法、实践性的任务和真实情境的模拟，让学生有机会探索不同职业领域的知识和技能，并了解与之相关的学科背景。这样的学习体验将帮助学生们更好地理解学科的价值和应用，激发他们的学习热情和职业探索的动力。

  本书的编写过程得到了湖南师大附中各个学科教育领域专家的支持和贡献，

他们在学科教育领域有着丰富的经验和独特的见解，他们的智慧和创新思维为这本书的内容提供了坚实的基础。同时，我们还要感谢那些参与实施和评估这些课例的教师和学生，他们的积极参与和宝贵反馈对于本书的编写也起到了至关重要的作用。

我深信，通过生涯教育和学科教学融合的实践，普通高中学生将能够更好地认识自己、理解学科知识的意义，并在未来的职业生涯中取得成功。我希望本书能够为教育工作者提供实施生涯教育和学科融合的具体指导，激发教师的创新教学思维。同时，我们也希望本书能够成为普通高中学生的生涯指南，帮助他们发现自己的潜力，拓宽职业视野，并为高中选科及未来的求学和就业做好充分准备。

最后，我要衷心感谢您选择阅读《普通高中学生生涯规划教育课例研究——学科生涯》。希望本书能够给您带来灵感和启示，并为您在教育实践中提供有价值的支持。

祝您阅读愉快，收获丰富！

2023 年 6 月

（作者为湖南师范大学附属中学党委书记，湖南省心理健康与生涯教育专委会理事长，湖南省"十四五"教育科学研究基地首席专家）

目　录

启蒙篇

第1课 了解语文

李小军

导语：

当你倾听着睡前故事渐渐睡去，当你清晰地说出第一个词，当你津津有味地阅读安徒生童话，当你第一次写下自己的名字，你都是在进行语文的学习！

生涯故事汇：

莫言——中国诺贝尔文学奖获得者

莫言，本名管谟业，1955年2月17日出生于山东高密，中国当代著名作家。20世纪80年代中期以乡土作品崛起，充满着"怀乡"以及"怨乡"的复杂情感，被归类为"寻根文学"作家。2000年，莫言的《红高粱》入选《亚洲周刊》评选的"20世纪中文小说100强"；2005年莫言的《檀香刑》全票入围茅盾文学奖初选；2011年莫言凭借作品《蛙》获得茅盾文学奖；2012年莫言获得诺贝尔文学奖，获奖理由是：通过幻觉现实主义将民间故事、历史与当代社会融合在一起。

2019年7月30日，秘鲁天主教大学授予莫言荣誉博士学位。2020年，莫言新作《晚熟的人》由人民文学出版社正式出版。

议一议：

你认为莫言为何能取得这样的成就？

语文大揭秘：

语文是文化传承的桥梁。博大精深的汉字、朗朗上口的唐诗、意境深远的宋词、扣拨人心弦的元曲，都在彰显中华民族文化的魅力。

语文是学习知识的基础。著名数学家华罗庚说过："要打好基础，不管学文学理，都要学好语文，因为语文天生重要。不会说话，不会写文章，行之不远，存之不久。"没有语文作为地基，任何职业的大厦都无法稳健盖起。

语文是观察世界的窗口。通过阅读书籍、新闻报道、媒体信息，我们可以领略千里之外的风情，可以与名人名家"交谈"，可以感悟人生的哲理。

如果未来你想在党政机关、新闻媒体单位、出版单位、广告公司、各级教学和科研机构等单位工作，你需要有良好的语言应用能力。实际上，任何工作都离不开表达能力和沟通能力。

职业万花筒：

谈到语文，很多同学会想到听说读写，但语文其实不仅限于此。

如果你喜欢阅读，适合的职业有图书编辑、评论家、书店工作人员等。一旦看到好的书籍，荐书师就会写出自己的阅读感受和书评，在贴吧和读书网站里力荐，很多网友会在线交流阅读经验。这种"潮职业"不仅能够满足自己的心理诉求，还能锻炼自己的思维、口才与沟通能力。

如果你喜欢写作，适合的职业有作家、编剧、记者、广告文案人员、新媒体编辑等。我们在微信、抖音以及网络上阅读的文章、小说，大都源自网络运营师。他们不仅整理所获知的素材，而且还会根据用户的需要，用图片、视频，让内容以最佳的形式展现出来。

如果你喜欢朗诵，适合的职业有播音员、主持人、演员、配音员等。随着新媒体的发展，个性化的自媒体也为大众提供了发挥的空间。各类围绕文案撰写、台词表达的新兴工作层出不穷，一个又一个爆火的短视频和热搜背后，都离不开语文工作者的付出。

生涯体验营：

【活动一】

班级读书会

随着快餐文化和网络学习的流行，越来越多的平台开始推出解读书籍的服务，帮助读者在最短的时间内了解和学习一本书最核心与最有价值的内容。在短短的15~20分钟里面，我们可以从作者简介，作品简介，内容梗概，核心思想，作品的地位、价值、意义等多个方面去了解一本书籍，选取核心内容制作文稿，并录制成音频，便于学习。

我们虽不是文人作家，不是评论家，但仍可以从自己的角度去解读一本书。

同学们可以4~6人一组，去阅读一本书籍，然后从不同角度去介绍这本书，可以把这段介绍制作成一段10分钟左右的音频，并附上一份文稿。大家在介绍的时候，不仅可以分享刚才提到的信息，更可以分享你自己的阅读心得。

制作完成后，可以组织班级读书会或者在课下分享彼此的音频或文稿，让全班同学尽可能阅读更多的书籍。

【活动二】

编辑的一天

我们阅读的书籍、报刊，都是经过编辑之手创造出来的。我们想要了解编辑的工作，可以从编辑一份班报开始。

同学们可以4~6人为一组，策划并编辑一份班报。同学们需要自己策划适合小组的主题，比如"社团活动集锦""学习方法秘籍""各科教师专访""我身边有趣的同学们"等，然后根据所策划的主题，去采访相关人员或搜集相关资料，撰写文章，设计版面，完成班报。

我的生涯体验笔记：

1. 语文很重要，因为_____。我发现语文无处不在，如_____。我拥有的语文能力有_____；仍需要锻炼的能力有_____。我计划通过_____来提高自己。

2. 在班级读书会中，我选择的书籍是_____，因为
_____。

3. 编辑室本次策划的主题是_____，因为

_____。

过程中令我印象最深刻的是_____。作为小编辑，我的感受是_____。

生涯拓展资料库：

①《如何阅读一本书》，[美]莫提默·J.艾德勒　查尔斯·范多伦 著

该书强调阅读是一种主动的活动，一般有三种目的：娱乐消遣、获取资讯、增进理解力。只有最后一种目的的阅读能帮助读者增长心智，不断成长。该书主要论述如何通过阅读增进理解力，它将阅读分为四个层次——基础阅读、检视阅读、分析阅读、主题阅读，并在书后推荐了一系列的经典名著。

②与语文学科息息相关的专业

语文教育、汉语言文学、汉语、中国语言文学(教育)、中文应用、对外汉语、汉语国际教育、华文教育、应用语言学、古典文献等。

第 2 课　了解数学

赵优良

导语:

电子琴为什么能模拟不同乐器的声音? 意大利文艺复兴时期画家列奥纳多·达·芬奇创作的《蒙娜丽莎》,迷人的微笑运用了什么样的构图方法? 数学家欧拉如何解决了戈尼斯堡七桥问题? 蜜蜂在构筑巢穴时,蜂房的结构为什么是六面柱体? 在大数据时代,每个人都会享受到大数据所带来的便利。买东西可以足不出户;有急事出门可以不用再随缘等出租车;想了解天下事只需要动动手指,我们的生活离不开数学了。

生涯故事汇:

Erdal Arikan——5G 技术的突破

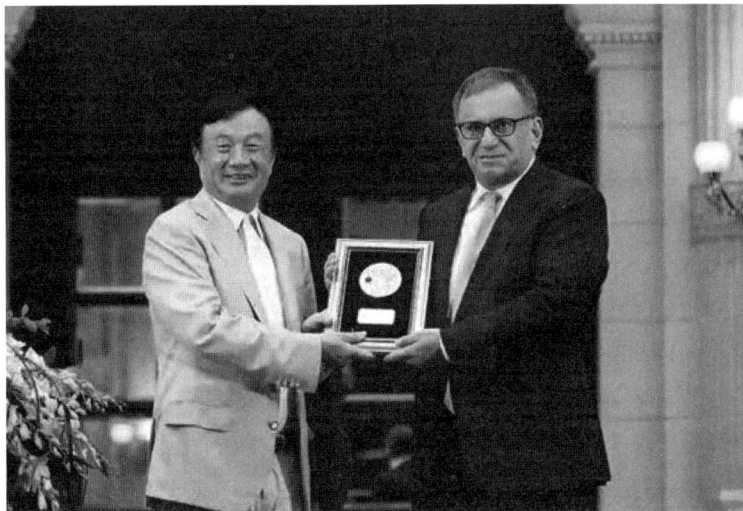

华为创始人任正非为 "Polar 码之父" Erdal Arikan 教授颁奖

你了解华为先进的 5G 技术吗？华为先进的 5G 技术源于土耳其科学家名埃达尔·阿里坎 (Erdal Arikan) 一篇数学论文。Erdal Arikan 教授 2008 年公开发表了 Polar 码论文，开拓了信道编码的新方向，是世界上第一类能够被严格证明达到香农极限的信道编码方法，能够大大提高 5G 编码性能，降低设计复杂度，确保业务质量。华为与阿勒坎取得了联系，在这项技术的基础上申请了一批专利，并且以极化码为基础封锁了一批专利。

议一议：

故事中华为公司在极化码的基础上开发出 5G 通信技术后，又在研究开发 6G 技术。除了 5G 通信技术，你了解的和数学有关的技术都有哪些？

数学大揭秘：

数学是研究数量、结构、变化、空间以及信息等概念的一门科学。

数学源于对现实世界的抽象，基于抽象结构，通过符号运算、形式推理、模型构建等，理解和表达现实世界中事物的本质、关系和规律。

数学与人类生活和社会发展关联紧密。不仅是运算和推理的工具，还是表达和交流的语言。

数学承载着思想和文化，是人类文明的重要组成部分。

数学是自然科学的重要基础，并且在社会科学中发挥越来越大的作用，数学的应用已渗透到现代社会及人们日常生活的各个方面。随着现代科学技术特别是计算机科学、人工智能的迅猛发展，人们获取数据和处理数据的能力都得到很大的提升，伴随着大数据时代的到来，人们常常需要对网络、文本、声音、图像等反映的信息进行数字化处理，这使数学的研究领域与应用领域得到极大拓展。数学直接为社会创造价值，推动社会生产力的发展。数学在形成人的理性思维、科学精神和促进个人智力发展的过程中发挥着不可替代的作用。数学教育帮助学生掌握现代生活和进一步学习所必需的数学知识、技能、思想和方法；提升学生的数学素养，引导学生会用数学眼光观察世界，会用数学思维思考世界，会用数学语言表达世界。

职业万花筒：

谈到数学，你想到的第一个职业是什么？数学家还是数学老师？事实上，数学已经融入我们生活的方方面面，数学与国民经济中的很多领域休戚相关。互联网、计算机软件、高清电视、手机、手提电脑、游戏机、动画、指纹扫描仪、汉字印刷、监测器等在国民经济中占有相当大的比重，成为世界经济的重要支柱产业。其中互联网、计算机核心算法、图像处理、语音识别、云计算、人工智能、5G 等 IT 业主要研发领域都是以数学为基础的。所以信息产业可能是聘请数学家最多的产业之一。

传统的大型工程，如水坝的设计需要对坝体和水工结构作静、动应力学分析，数学中的有限元方法是其中最基本的计算方法；在石油勘探与开采中都大量运用数学方法，涉及到数字滤波、偏微分方程的理论和计算以及反问题等。

数学模拟在化学工业中也起很大的作用。现代医疗诊断中常用的 CT 扫描技术，其原理是数学上的拉东变换。CT 螺旋式的运动路线记录 X 光断层的信息。计算机将所有的扫描信息按数学原理进行整合，形成一个详细的人体影像。在更先进的生物光学成像技术的研究中也吸引了不少数学家参与。

药物检验——要评估一种新药能否上市，需要经过新药疗效测试，这就要科学地设计试验，以排除各种随机性的干扰，真正评估出药物的效果和毒性。为此，人们设计出了双盲试验等试验手段，制药公司聘用大批拥有数理统计学位的雇员从事药检工作。

"金融数学"是利用数学工具来研究金融，进行数学建模、理论分析、数值计算等定量分析的一种金融高技术，它是数学和计算技术在金融领域的应用。华尔街和一些发达国家大银行、证券公司高薪雇用大批高智商的数学、物理博士从事资本资产定价、套利、风险评估、期货定价等方面的工作。

生涯体验营：

数学和我们的生活是那么的息息相关，除了上述职业，你身边和数学有关的职业有哪些？请罗列 10 项和数学相关的职业或者需要用到数学技术的工作。

我身边与数学有关的职业

1.＿＿＿＿＿＿＿＿＿＿＿＿＿　　2.＿＿＿＿＿＿＿＿＿＿＿＿＿

3.＿＿＿＿＿＿＿＿＿＿＿＿＿　　4.＿＿＿＿＿＿＿＿＿＿＿＿＿

5.＿＿＿＿＿＿＿＿＿＿＿＿＿　　6.＿＿＿＿＿＿＿＿＿＿＿＿＿

7.＿＿＿＿＿＿＿＿＿＿＿＿＿　　8.＿＿＿＿＿＿＿＿＿＿＿＿＿

9.＿＿＿＿＿＿＿＿＿＿＿＿＿　　10.＿＿＿＿＿＿＿＿＿＿＿＿

与同学交流，你写下的都是哪些职业，这些职业在哪些方面应用到了数学的技术或知识。

数学相关技术的进步常常推动着时代的发展，如大数据时代。生活中，数学可以与哪些学科融合？怎样融合？

我身边与数学有关的学科融合

1.融合的学科是＿＿＿＿＿＿＿＿＿＿＿＿＿＿＿＿，数学在其中的作用有

＿＿＿＿＿＿＿＿＿＿＿＿＿＿＿＿＿＿＿＿＿＿＿＿＿＿＿＿＿＿＿＿。

2.融合的学科是＿＿＿＿＿＿＿＿＿＿＿＿＿＿＿＿，数学在其中的作用有

＿＿＿＿＿＿＿＿＿＿＿＿＿＿＿＿＿＿＿＿＿＿＿＿＿＿＿＿＿＿＿＿。

我的生涯体验笔记：

1. 数学是一门重要的学科，因为＿＿＿＿＿＿＿＿＿＿＿＿＿＿＿＿＿＿。我发现生活中处处有数学，如＿＿＿＿＿＿＿＿＿＿＿＿＿＿＿＿＿＿。假如满分是 10 分，我给自己现在拥有的数学能力打分是＿＿＿＿＿＿，原因是＿＿＿＿＿＿＿＿＿＿＿＿＿＿＿＿＿＿＿。如果要提升 0.5 分，接下来我可以做的是＿＿＿＿＿＿＿＿＿＿＿＿＿＿。

2. 如果从我身边与数学相关的职业中选择一个从业，我最可能选择的是＿＿＿＿＿＿＿。选择它的理由是＿＿＿＿＿＿＿＿＿＿＿＿＿＿＿＿＿＿＿。

生涯拓展资料库：

①《数学聊斋》　2003 年科学出版社出版的图书，作者王树和

该书主要内容包括数学悖论，第一次、第二次、第三次数学危机，哥德尔不可判定命题、混沌、NPC 理论等非平凡问题；算术、几何、图论、组合当中的有趣问题；数学思想与数学哲学当中的敏感问题等共计 151 个问题。如将来数学还会产生悖论与危机吗？尚未解决的数学难题是否为不可判定命题？既然是确定性系统为什么会产生紊动？愚公移山式的穷举法为什么可能无效？ 2+2 为什么等于 4？三角形内角和究竟多少度？核武库的钥匙有几把？牛顿创立的微积分能得 100 分吗？数学家是些什么人？数学定理为什么要证明？等等。

②与数学学科息息相关的专业

人工智能类专业、建筑学专业、计算机专业、通信工程、机械设计制造及其自动化、金融、会计专业、物理学、地理学、地理信息系统、精密仪器等。

第 3 课 了解英语

胡玲玲

导语:

什么是英语? 我们为什么还要学英语? 学好了英语有什么用? 我们到底是要学英语, 还是用英语来学习? 过去学英语是为了了解世界, 现在学英语是为了让世界了解中国。英语绝不是简单的 26 个字母, 也不是单词语法的堆砌, 而是沟通世界的桥梁。

生涯故事汇:

张京——这位中美会谈中的"最美翻译官"获得了不少人的喜爱, 各大外国媒体也纷纷议论: 张京是何许人也? 张京的高光时刻, 来自其流畅地翻译了中国代表团长达十多分钟的临场发挥。她沉稳、大气的表现和准确、完整的表达, 充分地展现了新时代大

张京

国翻译的风采。张京高中就读于浙江杭州外国语学校, 虽然高考分数已达清北录取线, 但她坚持选择了外交学院。进入大学后, 张京积极参加各种英语比赛, 早在 2005 年就荣获 21 世纪英语演讲比赛的亚军。2007 年, 外交部首次对外招收两百多名翻译, 张京如愿入选。经过 4 个月的魔鬼训练和考核, 最终被录用。

议一议:

近几年, 像张京这样的英语口译人才在外交场合频频露脸, 也让人们对翻

译这个职业有了更加清晰、直观的认识。你认为从事这样的职业，除了过硬的英语能力，还需要具备哪些重要素质？

英语大揭秘：

英语是一门学习及运用英语语言的课程，强调对学生语言能力、文化意识、思维品质和学习能力的综合培养，具有工具性和人文性融合统一的特点。

英语学科的学习有利于学生发展跨文化交流能力，能为学生学习其他学科知识、汲取世界文化精华、传播中华文化创造良好的条件，也能为他们未来继续学习英语或选择就业提供更多机会。

英语是当今世界广泛使用的国际通用语，是国际交流与合作的重要沟通工具，是思想与文化的重要载体。学习和使用英语对借鉴外国先进科学技术、传播中华文化、增进中国与其他国家的互相理解与交流具有重要的意义和作用。

职业万花筒：

提到英语，我们想到的第一个职业估计都是英语老师。毕竟，从牙牙学语开始，英语老师似乎就成了我们成长道路上必不可少的人。从幼儿园的自然拼读，到中学时期的语法、句型，再到之后的考研、考博，我们和英语老师的缘分可谓是剪不断、理还乱。但其实与英语相关的职业远远不止于此。作为一个语言工具，英语还有很多你料想不到的"跨界合作"。

"申奥大使"杨澜嫁接起沟通世界的桥梁

杨澜一直都是大家心目的成功女性代表。2001年在申办冬奥会现场，杨澜更是用一口流利英法双语惊艳了全世界。杨澜大学时期就读的是北京外国语大学，毕业后进入央视工作也得益于她出色的英语能力。她采访过的世界名人，涵盖商界、政界、体育界、娱乐界和文化界，几乎囊括了所有的领域。她说英语对她而言，不仅仅是个工具，更让她进入一种文化的比较，对于不同世界的一种比较。

杨澜

双语主持除了主持能力和语言能力外，需要跨文化交流能力，还要学会照顾不同嘉宾间的文化差异。目前，中国中英双语主持人数量不足，优秀双语主持人更稀缺，具有光明的就业前景。

"可咸可甜"的外交部发言人华春莹

华春莹毕业于南京大学外文系英语专业。现任我国外交部新闻司司长兼外交部发言人。华春莹从事外交工作多年，曾在外交部欧洲司及欧洲、亚洲地区工作，有丰富的外交经验和良好沟通能力。面对个别国家媒体的"无中生有"和"不怀好意"，华春莹总是能果敢、机智、敏锐地应对问题，秉持大国风范，用春风化雨般的语言发出最强有力的"中国声音"。

华春莹

各大外语类高校一直是外交官的摇篮。很多英语和翻译专业的学生毕业之后参加国考或省考，成为公务员。一般进入的都是外交部、驻外使馆及其他机构与外语相关职位。这种职位对综合素质要求很高，在工作中会承担口笔译的任务，可能有时候还会外派出国。

生涯体验营：

英语和我们的生活是那么的息息相关，除了上述职业，你身边和英语相关的职业还有哪些？请罗列 10 项和英语相关的职业或者需要用到英语的工作。

我身边与英语有关的职业

1._____   2._____
3._____   4._____
5._____   6._____
7._____   8._____
9._____   10._____

与同学交流，还有哪些你不了解的职业？这些职业在哪些方面应用到了英语学科的相关知识？

英语作为一门语言工具，是一门综合性极强的学科。生活中，我们需要的不仅仅是英语专业的人才，更需要英语功底扎实、综合素质强的复合型人才。那么英语可以和哪些学科融合？又能创造出什么新的价值？

我身边与英语有关的学科融合

1. 融合的学科是＿＿＿＿＿＿＿＿＿＿＿＿＿＿，英语在其中的作用有

＿＿＿＿＿＿＿＿＿＿＿＿＿＿＿＿＿＿＿＿＿＿＿＿＿＿＿＿＿＿。

2. 融合的学科是＿＿＿＿＿＿＿＿＿＿＿＿＿＿，英语在其中的作用有

＿＿＿＿＿＿＿＿＿＿＿＿＿＿＿＿＿＿＿＿＿＿＿＿＿＿＿＿＿＿。

我的生涯体验笔记：

1. 英语是一门重要的学科，因为＿＿＿＿＿＿＿＿＿＿＿＿。我发现生活中处处有英语，如＿＿＿＿＿＿＿＿＿＿＿＿。假如满分是 10 分，我给自己现在拥有的英语能力打分是＿＿＿＿＿，原因是＿＿＿＿＿＿＿＿＿。如果要提升 0.5 分，接下来我可以做的是＿＿＿＿＿＿＿＿＿＿＿＿＿＿＿＿。

2. 如果从我身边与英语相关的职业中选择一个从业，我最可能选择的是＿＿＿＿＿＿＿＿＿＿＿＿，选择它的理由是＿＿＿＿＿＿＿＿＿＿＿＿＿＿＿＿＿。

生涯拓展资料库：

①电影《中国合伙人》 导演：陈可辛 主演：黄晓明、邓超、佟大为

该片讲述了"土鳖"成东青、"海龟"孟晓骏和"愤青"王阳从 20 世纪 80 年代到 21 世纪，大时代下三个年轻人从学生年代相遇、相识，共同创办英语培训学校，最终实现"中国式梦想"的故事。

②纪录片《同声传译员：长井鞠子的口译人生》 制片方：日本 NHK

年逾古稀的长井鞠子至今仍是活跃于日本外交界的顶级同声传译员，她从事同传工作四十多年，参与各大领域国际会议，深受世界各国领袖青睐。本纪录片深入日本同声传译员长井鞠子的工作与生活，讲述顶级同传成功背后不为

人知的努力和心路历程。

③书籍《提问》 作者：杨澜 出版社：浙江文艺出版社 出版年：2020年

杨澜，媒体人，作家。她有30年的传媒经历；她是首届"金话筒奖"得主；她采访了上千位世界政要和各界风云人物，被誉为"中国的华莱士"；她曾两次担任北京申奥陈述人并担任上海世博会形象大使；她被福布斯评为全球最具影响力的100位女性之一……她以提问为生，将自己30年间数万次的发问心得，凝结成了这本《提问》。

④与英语学科息息相关的专业

英语、英语（师范类）、翻译、商务英语、旅游英语、应用英语、外交学、国际商务、国际经济与贸易、国际新闻与传播等。

第 4 课　了解物理

刘　熠

导语：

怎么去突破认知，发现自然，探索未来，了解宇宙，等等这一系列的问题，毋庸置疑，都等待着我们自己去回答。而探索这一切谜题的背后，必然离不开物理学。

生涯故事汇：

仰望星空，探索宇宙

1970 年 4 月 24 日 21 时 35 分，中国第一颗人造卫星"东方红一号"一飞冲天。1992 年 9 月 21 日，载人航天工程启动，中华民族的飞天梦开始不仅仅是梦。2003 年，中国神舟五号载人飞船升空，杨利伟在《开讲啦》

叶光富　翟志刚　王亚平

节目上说到"千年飞天梦，今朝一夕圆"。2021 年更是中国航天大年，这一年的 4 月 29 日，天和核心舱发射成功，标志着中国空间站建造迈出了第一步；紧接着 6 月 17 日，神舟十二号的三位航天员进入核心舱，标志着中国人首次进驻自己的空间站；同年的 5 月 15 日天问一号祝融号成功完成火星着陆；神舟十三号搭载三位宇航员实现在空间站长达 6 个月的太空生活。从"神舟飞天"到"嫦娥揽月"，从"天问探火"到"北斗指路"，浩瀚的宇宙中里留下了中国的天宫，矫捷灵敏的"玉兔"、火眼金睛的"悟空"、传递信息的"鸿雁"……这些标志着中国航天人奋斗史的大国重器，被一个个源自中国传统文化的名字刻下了浪漫的符号，载着中华民族自古以来就有的飞天梦想腾飞升空。

议一议：

除了航天技术、电子电路技术，你了解的和物理学有关的技术都有哪些？

物理大揭秘：

物理学（physics）是研究物质最一般的运动规律和物质基本结构的学科。作为自然科学的带头学科，物理学研究大至宇宙，小至基本粒子等一切物质最基本的运动形式和规律，因此成为其他自然科学学科的研究基础。

物理学的边界并不是固定不变的，它与其他很多跨领域的研究有交集，如生物物理学、量子化学等。物理学的创始突破时常可以用来解释这些跨领域研究的基础机制，有时候还会开启崭新的跨领域研究。

物理学是人们对自然界中物质的运动和转变的知识做出规律性的总结，这种运动和转变应有两种：一种是早期人们通过感官视觉的延伸；另一种是近代人们通过科学仪器，实验得出的结果。物理学从研究角度及观点分类，可大致分为宏观与微观两部分：宏观物理学不分析微粒群中的单个作用效果而直接考虑整体效果，是最早期就已经出现的；微观物理学的诞生，起源于宏观物理学无法很好地解释黑体辐射、光电效应、原子光谱等新的实验现象，它是宏观物理学的一个修正，并随着实验技术与理论物理的发展而逐渐完善。

职业万花筒：

如果你喜欢理论物理，适合的职业有高校物理教授、物理研究所研究员、物理教师等。理论物理研究所的研究员通常会在粒子物理和量子场论、超弦理论和场论、引力理论与宇宙学、凝聚态理论和计算凝聚态物理等领域中选择一个领域进行逻辑推论及数理推导，以求对各种物理现象进行解释。

> 理论物理是从理论上探索自然界未知的物质结构、相互作用和物质运动的基本规律的学科。其研究领域涉及粒子物理与原子核物理、统计物理等，几乎包括物理学所有分支的基本理论问题。

还有哪些适合的职业呢？_____

你喜欢理论物理吗？为什么？_____

让你觉得理论物理中有意思的部分是？_____

_____

如果你喜欢应用物理，适合的职业有风力发电运检人员、光纤通讯研发员、航天飞船制造与开发工作、生物医学磁共振仪器制造等。风力发电运检人员负责风电场的运行和检修工作，主要是风电场集电线路、变压器、升压站、风力发电机组的正常运行及检修。他们通过科学的手段将风能这种清洁的能源转化为我们使用的电能。

> 应用物理目的是将物理学基本理论与方法，与生活的方方面面相结合，并推动人类发展。

风力发电运检人员正在检查设备

如果没有物理学家，那么世界将会与现在大不相同！有了物理学，我们才有了这么多的科技方面的突破：激光、电视、收音机、计算机技术、DNA技术、核技术等都是物理学的发展成果！同样的，物理学也为量子理论、相对论、宇宙大爆炸理论以及原子的分裂多个方面的研究做出了重大贡献。其实，与物理相关职业或技术俯拾皆是，比如医用核磁共振技术的提高、新一代锂电池的研制、卫星定位系统的改进、支撑全球互联网的光纤技术、照亮世界的LED光源改进等。事实上，物理已经融入我们生活的方方面面，大到火箭卫星、导弹潜艇，小到网络聊天、手机叫车，现实中几乎所有的工程问题都和物理有直接或间接的联系。

物理学就业与大多基础性专业相同，主要在高校、国防部门、科研机构等从事教学研究及相关科研管理工作。中国有很多与物理相关的研究所，如中国科学院高能物理研究所、理论物理研究所、近代物理研究所、等离子体物理研究所、国家空间科学中心等，这都是物理学毕业生深造和就业的好去处。

生涯体验营：

物理和我们的生活是那么的息息相关，除了上述职业，你身边和物理有关的职业有哪些？请罗列 8 项和物理相关的职业或者需要用到物理技术的工作。

我身边与物理有关的职业

1._____ 2._____
3._____ 4._____
5._____ 6._____
7._____ 8._____

与同学交流，你写下的都是哪些职业，这些职业在哪些方面应用到了物理的技术或知识。

物理学相关技术的进步常常推动着时代的发展，如第二次工业革命的蒸汽机。生活中，物理学可以与哪些学科融合？怎样融合？

我身边与物理有关的学科融合

1.融合的学科是 _____，物理学在其中的作用有

_____。

2.融合的学科是 _____，物理学在其中的作用有

_____。

我的生涯体验笔记：

1. 物理学是一门重要的学科，因为 ＿＿＿＿＿＿＿＿＿＿＿＿＿＿＿。我发现生活中处处有物理，＿＿＿＿＿＿＿＿＿＿＿＿＿＿＿＿。假如满分是 10 分，我给自己现在拥有的物理能力打分是 ＿＿＿＿＿，原因是 ＿＿＿＿＿＿＿＿ ＿＿＿＿＿＿＿＿＿＿＿＿＿＿＿＿＿。如果要提升 0.5 分，接下来我可以做的是 ＿＿＿＿＿＿＿＿＿＿＿＿＿＿＿＿＿＿＿＿＿＿＿＿。

2. 如果从我身边与物理相关的职业中选择一个从业，我最可能选择的是 ＿＿＿＿＿＿＿＿。选择它的理由是 ＿＿＿＿＿＿＿＿＿＿＿＿＿＿＿＿＿＿＿。

生涯拓展资料库：

①《量子物理史话：上帝掷骰子吗？》 作者：曹天元 北京联合出版公司出版时间：2019 年

本书带读者做一次量子之旅，从神话时代出发，沿着量子发展的道路，亲身去经历科学史上的乌云和暴雨，追逐流星的光辉，穿越重重迷雾和险滩，和最伟大的物理学家们并肩作战。除了回顾基本的历史背景，还将向着未来探险，去逐一摸索量子论面前的不同道路，闯入人迹罕至的未知境地，和先行者们一起开疆扩土。让人惊叹的，不仅仅是沿途那令人眼花缭乱的绚丽风景，更来自人内心深处的思索和启示——那是科学深植在每个人心中不可抗拒的魅力。

②《从一到无穷大：科学中的事实与猜想》 作者：乔治·伽莫夫 出版社：江苏凤凰科学技术出版社 出版时间：2019 年

本书是一本非常经典的科普书，自问世以来，被众多国家翻译并反复再版，启迪了无数年轻人的科学梦想，涉及了物理学、天文学诸多学科，如相对论和四维时空、原子物理等，该作者研究的领域是核物理学，后来他开创性地将核物理用于解释恒星演化，提出了中微子理论，由此可见作者的功底足够强。伽莫夫用直白浅显的语言和妙趣横生的实例将高深的科学原理阐述清晰，这对于科普书籍来说极为可贵。

③《鬼脸物理课》 作者：刘继军 出版社：南京师范大学出版社 出版时间：2019 年

作者用小说般生动的笔法、诙谐欢脱的语言、场景带入的方式为我们展开了酷炫的物理世界，精准关联了中学物理知识，帮助学生在读书之余可以回顾物理课堂所学内容。

④与物理学科息息相关的专业

物理学、应用物理学、核物理、声学、系统科学与工程、量子信息科学等。

第 5 课　了解化学

殷艳辉

导语：

　　化学是在原子层次上研究物质的组成、结构、性质及变化规律的自然科学。只要涉及物质的性质和变化，就离不开化学。化学与人类进步和社会发展的关系非常密切，它的成就是社会文明的重要标志。学习化学，我们将来可以从事哪些工作呢？现在，就让我们一起来了解与化学密切相关的职业生涯吧！

生涯故事汇：

锂离子电池之父：John.B.Goodenough

　　2019 年 10 月 9 日，瑞典皇家科学院宣布有三位科学家共同荣获 2019 年诺贝尔化学奖，以表彰他们在锂离子电池研发领域做出杰出的贡献。获奖人之一便是 97 岁高龄的美国科学家约翰・古迪纳夫（John B. Goodenough）。

古迪纳夫通过研究化学结构以及固体电子、离子性质之间的关系来设计新材料，解决材料科学问题。古迪纳夫预测，如果用一种金属氧化物而不是金属硫化物来制造阴极，那么电池将具有更高的电势。经过系统的研究，在 1980 年，他证明了嵌入锂离子的氧化钴可以产生高达 4 伏特的电压。这是一个重要的突破，将带来更强大的电池。

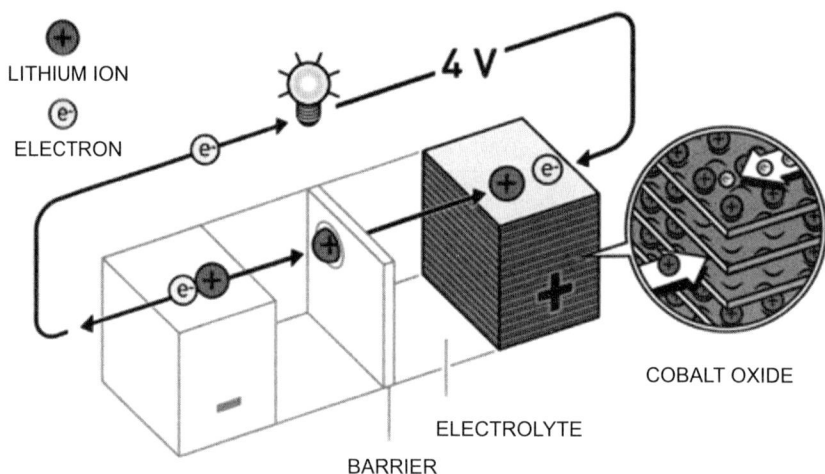

Johan Jarnestad/The Royal Swedish Academy of Sciences

20 世纪 70 年代初，斯坦利・惠廷厄姆（Stanley Whittingham，2019 年诺贝尔化学奖得主之一）开发出第一块可工作的锂电池，他利用锂的巨大动力释放其外部电子。

以古迪纳夫的阴极为基础，吉野彰在 1985 年发明了第一个商业上可行的锂离子电池。他没有在阳极使用活性锂，而是使用石油焦，这是一种碳材料，像阴极的钴氧化物一样，可以插入锂离子。

于是，研究者获得了一种重量轻且耐用的电池，在性能衰竭之前可以充电数百次。锂离子电池的优点是，它们不是基于分解电极的化学反应，而是基于锂离子在正极和负极之间来回流动。

自 1991 年首次投入市场以来，锂离子电池已经彻底改变了我们的生活。它们为无线通信和建立无化石燃料社会奠定了基础，为人类带来了巨大的利益。

议一议：

除了锂离子电池，你还了解哪些不同类型的电池？试着调查其性能、构成、特点、应用范围及发展历史，选两到三类电池列表比较，并结合其发展前景，谈谈你对研发新型电池意义的理解。

化学大揭秘：

化学是在原子、分子水平上研究物质的组成、结构、性质、转化及其应用的基础自然科学。它源自生活和生产实践，并随着人类社会的进步而不断发展。从开始用火的原始社会，到使用各种人造物质的现代社会，人类都在享用化学成果。人类的生活能够不断提高和改善，化学的贡献在其中起了重要的作用。

今天的化学，在社会不断进步和科学技术迅猛发展的背景下，其传统的研究领域出现了分化与综合，与其他学科形成交叉和相互渗透，成为自然科学领域中一门"中心的、实用的和创造性的"基础科学。例如，核酸化学的研究成果使今天的生物学从细胞水平提高到分子水平，建立了分子生物学；对各种星体的化学成分的分析，得出了元素分布的规律，发现了星际空间有简单化合物的存在，为天体演化和现代宇宙学提供了实验数据，还丰富了自然辩证法的内容。

职业万花筒：

化学几乎会研究我们身边所有物质的化学成分和化学过程。帮助我们更好地认识这个世界、认识周围事物的材料结构。化学相关专业的学生可以将学业期间所学习到的知识运用到所有领域中。经观察我们可以发现：各行各业都不乏化学专业出身的杰出人才！例如：英国首相玛格丽特·撒切尔（Margaret Thatcher）、著名作家库特·冯内古特（Kurt Vonnegut）等。接下来我们一起来看看有哪些适合化学专业毕业生的职业吧！

化学家

化学家一般是指从事近现代化学研究的科学家。化学，是在原子、分子、层次上研究物质的组成、结构、性质及变化规律的自然科学，而化学家，则是专修于这些物质及其性质研究的工作者。化学家们会对化学元素、原子、分子及它们如何互相作用作出研究。化学家们也研究并测试药物、炸药及其他的东西。

法医科学工作者

法医是运用基础医学、临床医学以及相关的刑事科学技术、司法鉴定技术对与法律有关的人体（活体、尸体、精神）和犯罪现场进行勘察鉴别并作出鉴定的科学技术人员。古代法医被称为令史、仵作，主要做简单的尸表检验（并不涉及现代西医科学技术特别是病理学的内容）。在现代中国，法医学已经成为一个复杂的开放系统，积极地吸收着来自数学、物理学、化学、生物学、心理学以及计算机科学与工程的知识，集现代科学技术体系于大成，正朝着一条科学化、规范化、制度化、标准化的道路迈进。正如同国家的法制制度分为司法权、立法权、行政权一样，相应地法医鉴定也正在逐步走向司法鉴定、立法鉴定、行政鉴定三大领域。对于法医而言，人体（活体、尸体）不是目的，法治精神和人权意识才是终极目的，医学科学是实现目的的手段。

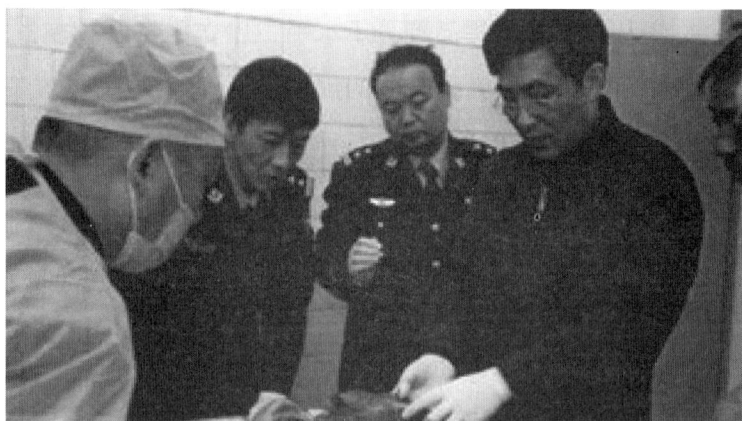

法医工作照

化妆品配方师

化妆品是按特定的配方由几种或几十种原料配制而成、具有一定功能的原料混合体。化妆品分为发用化妆品、肤用化妆品以及美容化妆品。随着经济的发展和生活水平的提高，化妆品已成为人们日常生活的必需品。具备不同功能的化妆品都是经过配方开发人员精心研制出来的。近年来，新的技术与研究成果，如生物工程技术、新型乳化技术、脂质体技术、新的防腐体系和功能性评价技术等，在化妆品工业中不断地得到应用，这对化妆品行业提出了更高的要求。

生涯体验营：

化学和我们的生活是那么的息息相关，除了上述职业，你身边和化学有关的职业有哪些？请罗列 8 项和化学相关的职业或者需要用到化学技术的工作。

我身边与化学有关的职业

1._____ 2._____

3._____ 4._____

4._____ 6._____

5._____ 8._____

与同学交流，你写下的都是哪些职业，这些职业在哪些方面应用到了化学的技术或知识。

化学相关技术的进步常常推动着时代的发展，如 20 世纪初以来原子结构奥秘的逐步揭示，使人们对物质及其变化本质的认识发生了飞跃。生活中，化学可以与哪些学科融合？怎样融合？

我身边与化学有关的学科融合

1.融合的学科是 _____，化学在其中的作用有

_____。

2.融合的学科是 _____，化学在其中的作用有

_____。

我的生涯体验笔记：

1. 化学是一门重要的学科，因为 _____。

我发现生活中处处有化学，如 _____。

假如满分是 10 分，我给自己现在拥有的化学能力打分是 _____，原因是

_____。

如果要提升 0.5 分，接下来我可以做的是 _____。

2. 如果从我身边与化学相关的职业中选择一个从业，我最可能选择的是

_____。选择它的理由是 _____

_____。

生涯拓展资料库：

①纪录片《*Chemistry: A Volatile History*》，导演：Jon Stephens

我们生活的世界是一个由元素和物质组成的世界，总的来说，就是化学的世界。从衣食住行，到我们用于改造世界的力量，这一切都蕴含着化学知识。那么，你了解化学吗？有人说，化学是一门异想天开的科学；也有人说，化学是一门创造与颠覆的科学。其实，一切元素早已存在于宇宙中，发现它们并加以运用则是化学家们刻苦钻研再加上奇思妙想的结果。化学的历史，是那么有趣、那么迷人。从炼丹师、炼金术师变成现代化学家，你知道这其中的故事吗？你知道曾经人们认为存在的这种元素——燃素吗？这都可以在 BBC 纪录片《*Chemistry: A Volatile History*》中找到答案。

②纪录片《门捷列夫很忙》

以著名化学家门捷列夫的动画形象为串联，带领观众了解元素发现的历史；认识对于宇宙和我们最为重要的氢、氧、碳、氮元素；领略有毒元素的威力以及它们的功用；最活跃和最不活跃的金属、非金属元素的特质；以及对人类文明进程起到关键作用的碳、硅、铀、铁等元素的故事。通过充满趣味性的知识介绍，向广大中国受众普及化学基本知识，提高全民科学素养。

③书籍《视觉之旅：神奇的化学元素（彩色典藏版）》，作者：西奥多·格雷（Theodore Gray）

本书以图片形式讲述了目前已知的所有元素的故事。从它们的来源到它们的用途和传奇故事，包罗万象，生动而有趣。其最大特色是其赏心悦目的插图，它们具有摄人心魄的独特魅力，难得一见。作者 Theodore Gray 是一位化学家，更是一位疯狂的元素收藏爱好者。他多年来费尽心血收集了 2000 多件与元素有关的标本和文物，其收藏可以与任何一个专业的博物馆媲美。《视觉之旅：神奇的化学元素（彩色典藏版）》的大部分图片就来源于他的这些收藏。

④书籍《元素的盛宴》，作者：山姆·基恩

这是一本关于化学与人类生活的既严谨又妙趣横生的科普著作，作者搜集了大量科学史和人类史上鲜为人知的史料，从不同角度讲述了化学与人类充满"爱恨情仇"的历史传奇。你知道氮肥是德国人研究烈性炸弹时顺便发现的吗？你知道水银在很长时间里是作为泻药使用、镭最初是被用来制作保健饮料的吗？而是否吃碘盐曾是甘地带领人民争取独立的重要议题之一，门捷列夫是在打扑克时想出了元素周期表，格拉泽看到啤酒气泡悟到了探测粒子的新方法……这些闻所未闻的事件，都是山姆探险化学史的重要发现——它是化学与人类生活交互作用的一部趣味史，也是无数科学家探幽寻微的一部"野史"，又是一部真实版的"生活大爆炸"。

⑤与化学学科息息相关的专业

应用化学、高分子材料与工程、临床医学、人文地理与环境规划、生物工程、计算化学、化学工程与工艺、制药工程、食品科学、医学检验技术、环境科学等。

第6课 了解生物

朱昌明

导语：

为什么斑马长大后脾气变糟糕？即便了解了斑马的 DNA 排序、脑内物质及其作用，也无法回答这个问题。从 DNA、细胞等分子层级的研究到探究特点的动物及其群属的生态学，生物学的领域正在逐渐扩大。

生涯故事汇：

贺建奎博士

贺建奎博士毕业于美国莱斯大学物理系，博士后在斯坦福大学生物医学工程系从事基因测序研究，并在网络进化的物理理论、流感病毒进化、免疫组库测序、单细胞测序、生物信息学多个领域取得研究突破。2012 年入选深圳市海外高层次人才引进"孔雀计划"，2017 年入选国家"千人计划"人才。

"国内虽有 1000 多家从事基因相关工作的公司，但都是从美国买来基因测序仪。我更想让中国有自己的基因测序先进技术，改变欧美垄断的情况。"2012年贺建奎创办瀚海基因，历时 3 年的艰苦攻关，瀚海基因 GenoCare 成为目前全球准确率最高的第三代测序仪。贺建奎表示，基因信息的运用未来不仅可以对癌症等疾病进行预防、干预，还可以进行精准医疗、个人健康管理、饮食指导等，进而帮助人们延长寿命。

议一议：

看完人物故事，你对生物学科、对生物研究是不是有新的认识呢？和同学一起讨论一下你对生物学科的理解吧！

从这个故事中，你看到了一个怎样的生物企业家、学者？这些对你来说有些什么触动？

生物大揭秘：

小小的流感病毒为什么对人体危害如此大？克隆人到底能不能成功？基因筛查有没有用？生物学会告诉你这些问题的答案。生物学，顾名思义就是研究生命和物质的学科，它常与其他学科行业产生交叉，例如基础医学、生物制药、环境生物学，应用十分广泛。

生物学的相关职业非常多，例如现在很热门的基因、分子生物学、遗传学、微生物、生态、林业、食品检验检疫等，不仅与我们的生活息息相关，而且其生产技术开发和工业设计，也涉及农业、环境、海洋等领域的应用。

职业万花筒：

如果你喜欢生物工程类的职业，基因工程研究人员、生物产品技术开发人员、生物产品工程设计人员、生物产品性能检测分析师都是不错的选择。

> 生物工程是指对生物有机体在分子、细胞或个体水平上通过一定的技术手段进行设计操作，为达到目的和需要，以改良物种质量和生命大分子特性或生产特殊用途的生命大分子物质等。

遗传基因咨询师：我们是遗传基因咨询师，可以进行基因检测、基因诊断，达到提前预防疾病，实现个性化治疗和个性化健康管理服务。我们的主要工作是评估在不同遗传情况下的疾病或生育风险，如家族遗传病和先天缺陷风险评估。我们还要给医院提供信息和建议，将信息给到关注遗传情况的个人和家庭。

还有哪些合适的职业呢？ _____

你喜欢生物工程吗？为什么？ _____

让你觉得生物工程中有意思的部分是 _____

_____

如果你喜欢生物技术类的职业，制药技术员、生物产品研发员都是不错的选择。

生物学技师：作为生物学专业技术人员，这类工作者主要是帮助生物和化学科学家进行实验室测试和试验，将生物研究与实验紧密结合在一起。主要从事高效液相色谱、电泳、病毒测活、细胞培养等分析检验工作；进行 PCR、分子诊断的研发；撰写实验分析报告等。

> 生物科学包了生物科学和生物技术两个方向，主要包括生物科学技术方面的基本理论、基本知识，需要具备研究和技术开发方面的科学思维和科学实验能力。

与生物学相关的职业你还了解多少？和同学们一起做个头脑风暴吧！

还有哪些合适的职业呢？ _____

你喜欢生物技术吗？为什么？ _____

让你觉得生物技术中有意思的部分是 _____

_____

生涯体验营：

生物阅读会："做一名生物工作者是一种什么样的体验"

1. 请以小组为单位，寻找并阅读讲述生物工作者的书籍。

2. 每个小组选择一位生物工作者的故事进行全班分享，讲述"做一名生物工作者是一种什么样的体验"。

3. 全班分享完后，请你谈一谈对于生物学有了哪些新认识和新体验。

书籍名称	
生物工作者的故事	
分享内容 "做一名生物工作者是一种什么样的体验"	
新认识、新体验	
……	

我的生涯体验笔记：

1. 生物学是一门重要的学科，因为 ＿＿＿＿＿＿＿＿＿＿＿＿＿＿＿。我发现生活中处处有生物，＿＿＿＿＿＿＿＿＿＿＿＿＿＿＿。假如满分是 10 分，我给自己现在拥有的生物学的能力打分是 ＿＿＿＿，原因是 ＿＿＿＿＿＿＿＿＿＿＿＿＿＿＿＿＿＿＿＿。如果要提升 0.5 分，接下来我可以做的是 ＿＿＿＿＿＿＿＿＿＿＿＿＿＿＿＿＿＿＿＿＿＿＿＿＿＿。

2. 如果从我身边与生物相关的职业中选择一个从业，我最可能选择的是 ＿＿＿＿＿＿。选择它的理由是 ＿＿＿＿＿＿＿＿＿＿＿＿＿＿＿。

生涯拓展资料库：

①视频资源：Crash Course——《十分钟生物学》（共 40 集）本课程每一集在 10 分钟内向大家展示生物学的每一个部分。（视频来源：网易公开课）

②推荐图书：《初中科学拓展阅读丛书：课本上学不到的生物学》（上海科技教育出版社）

③与生物学科息息相关的专业

生物科学、生物信息学、生物信息技术、生物科学与生物技术、动植物检疫、生物化学与分子生物学、医学信息学、植物生物技术、动物生物技术、生物工程、生物安全、生物制药工程、生物医学工程、生物制药、生物技术、生态学等。

第 7 课　了解历史

周育苗

导语：

百家姓为何以"赵钱孙李"开头？为什么张姓、孔姓不用说"免贵"？为什么把代人受过叫作"替罪羊"，而不是替罪狗、替罪猫？中国历史上第一位法医是谁？洪秀全到底有没有留胡须？朱元璋真的长得很丑吗？……这些有趣的问题都可以在历史当中寻找答案。

生涯故事汇：

"敦煌的女儿"

樊锦诗，曾任敦煌研究院院长，兰州大学敦煌学专业博士生导师。1963 年自北大历史考古学专业毕业后，在敦煌研究院坚持工作四十余年，潜心石窟考古研究和创新管理，完成了敦煌莫高窟的分期断代、构建"数字

樊锦诗

敦煌"等重要文物研究和保护工程。她还推动立法和制定莫高窟总体保护规划。人们亲切地喊她"敦煌的女儿"。2019 年，她被授予"文物保护杰出贡献者"国家荣誉称号勋章。

如何让珍贵而脆弱的艺术"活"得更久？在她的努力与推动下，敦煌研究院目前形成了一整套先进的敦煌壁画数字化保存技术，制定了文物数字化保护标准体系。截至 2024 年 5 月 7 日文物数字化团队已完成 180 个洞窟的图像拼接处理，162 个洞窟的全景漫游节目制作，7 处大遗址三维重建，5 万张历史档案

底片的数字化扫描工作，形成了多源、多模态的海量数据资源，构建了"数字敦煌"资源库平台，实现了 30 个经典洞窟高清图像的全球共享。

议一议：

故事中樊锦诗将历史考古学知识运用于敦煌莫高窟文物的保护，取得了瞩目成就。那么从事历史研究领域的职业需要哪些积累和基础呢？

历史大揭秘：

历史究竟是什么？用最简单的一句话说，历史不仅是指过去的事实本身，更是指人们对过去事实的有意识、有选择的记录。而对于历史的专门性研究，就是历史学，简称为史学，也可以称之为历史科学，它不仅包括历史本身，还应该包括在历史事实的基础上研究和总结历史发展的规律，以及总结研究历史的方法和理论。

历史学专业培养的是具有一定的马克思主义基本理论素养和系统的专业基本知识，有进一步培养潜能的史学专门人才，以及能在国家机关、文教事业、新闻出版、文博档案及各类企事业单位从事实际工作的应用型、复合型高级专门人才。主要学习历史学科的基本理论和基本知识，接受中国历史和世界历史发展的基本史实及史学研究的基本训练，具有从事专业工作所需要的基本能力。

职业万花筒：

一谈到历史专业就业，很多人自然会联想到博物馆、档案馆、地方志办公室等单位，或者是中学、大学历史老师，觉得这就是其就业前景了。然而，事实上历史学专业可以从事很多种职业呢！历史学专业的毕业生可科研、可从政、可经商、可创业等。接下来我们一起看看历史相关的职业吧！

文教事业：历史学专业主要从事文教事业，包括各高校、中小学及相关研究单位。从事教师、研究员职位，要求毕业生具备扎实的专业知识、合理的知识结构和全面的人文素质，要有踏踏实实做学问的精神和对历史学浓厚的兴趣以及刻苦专研的精神。近代以来，我国涌现出了许多鼎鼎有名的史学专家与国学大师，譬如钱穆、章太炎、梁启超、陈寅恪、陈垣、吕思勉、顾颉刚、郭沫若等。当下的史学专家群星璀璨，如李学勤、阎步克、白寿彝、金冲及、杨奎松、桑兵等。随着互联网及电视媒体的发展，很多一些历史名师走进了大家的视野，例如《百家讲坛》中葛剑雄（如图）、易中天、王晓秋、袁腾飞、纪连海等。

葛剑雄

党政机关：主要是公务员系统。要求毕业生具备较高的综合素质尤其是政治素质以及行政能力，要拥护中国共产党的领导，热爱社会主义，要有为人民服务的精神。从政的历史学专业的人非常多，甚至省部级及以上的领导人也不少。

新闻出版部门：主要从事记者、编辑等职位。具有较强的新闻意识和出色的写作能力，良好的悟性和执行能力；具备良好的沟通能力和气质形象；工作责任心强，具备较强的敬业精神和团队合作意识。

生涯体验营：

【活动一】

假如你是一名刚毕业的历史学专业的学生，想要找一份中学历史教师的工作。你需要做好哪些方面的准备呢？你有什么优势与不足？

> 你需要做好哪些方面的准备？

> 你的优势和不足？

如何弥补自己的不足?

【活动二】

2020 年,考古工作者重启对三星堆遗址的深入调查、勘探与发掘,新发现 6 个"祭祀坑"。其考古发现再次震惊了世界。如果你要做历史学方面的研究,你可以确定什么主题?如何进行研究?

主题:

研究思路:

我的生涯体验笔记:

1.历史学是一门重要的学科,因为 _____。历史学的知识能够运用到我们现实生活中,如 _____。假如满分是 10 分,我给自己现在拥有的历史学习能力打分是 _____,原因是 _____。如果要提升 5 分,接下来我可以做的是 _____。

2.如果从身边历史学相关的职业中选择一个从业,我最可能选择的是 _____。选择它的理由是 _____。

生涯拓展资料库：

①《历史变迁与历史学》 作者：姜义华 出版社：上海人民出版社 出版时间：2009 年

本书梳理了当代史学发展及其与新中国成长历程相适应的四个阶段，尤其是改革开放以后中国历史研究与历史教育进入的新时期，并通过国史研究、农业农民与乡村研究、城市史、文化认同、上海史等层面的论述，多角度展示中国历史变迁与历史学的发展。

②与历史学科息息相关的专业

历史学是十二大学科门类之一，历史学类专业主要有历史学、世界史、考古学、文物保护技术、文物与博物馆学等本科专业。在专科专业当中，与历史相关的专业有历史教育专业等。研究生专业更加细化，例如：中国古代史、中国近现代史、史学理论与史学史、经济史、政治史、思想文化史、环境史等。

第8课 了解政治

蒋平波

导语：

政治学科到底学些什么东西？政治学起来是不是很枯燥无味？是不是要背很多东西？我平时不太喜欢关注时事新闻，是不是学不好政治？学政治是不是只要把书背得滚瓜烂熟就行了？对于政治学科，大家可能有很多类似的疑惑和误解，今天，我们一起走进政治学科，加深对她的了解。

生涯故事汇：

黄文秀从北京师范大学硕士毕业后回乡工作，2018年担任广西百色乐业县百坭村的驻村第一书记。黄文秀的家庭并不富裕，父亲身患重病，但她总是乐观开朗、积极向上。从进村开始，黄文秀就努力融入当地生活，挨家挨户走访，学会了桂柳方言，一年多时间，她帮村里引进了砂糖橘种植技术，教村民做电商；协调给每个村建起了垃圾池。在黄文秀任上，百坭村103户贫困户顺利脱贫88户，村集体经济项目收入翻倍。黄文秀驻村笔记中写道："每天都很辛苦，但心里很快乐。"2019年6月17日凌晨，黄文秀遭遇突发山洪不幸遇难，年仅30岁。

黄文秀

议一议：

你觉得从政意味着什么？怎样当好一名国家公务员？

政治大揭秘：

高中思想政治课程是落实立德树人根本任务的关键课程，以培育社会主义核心价值观为目的，是帮助学生确立正确的政治方向，提高思想政治学科核心素养，增强社会理解和参与能力的综合性、活动型学科课程。

立德树人的关键课程。2019年3月18日，中共中央总书记、国家主席、中央军委主席习近平在人民大会堂主持召开学校思想政治理论课教师座谈会，邀请众多一线优秀教师代表和教育工作者畅谈交流。这样的座谈会由党中央来召开还是第一次。习近平总书记指出："思想政治理论课是落实立德树人根本任务的关键课程。思政课作用不可替代，思政课教师队伍责任重大。"党和国家高度重视学校思政课，今后只能加强不能削弱，而且必须提高水平。

习近平总书记在重要讲话中首先阐释了办好思政课的重大意义。他指出，我们党立志于中华民族千秋伟业，必须培养一代又一代拥护中国共产党领导和我国社会主义制度、立志为中国特色社会主义事业奋斗终身的有用人才。党的十八大以来，习近平总书记围绕培养什么人、怎样培养人、为谁培养人这一根本问题，以高远的历史站位、宽广的国际视野、深邃的战略眼光，高度重视培养中国特色社会主义建设者和接班人，将中国特色社会主义事业后继有人作为一项重大战略任务，对加强学校思政课建设作出一系列重要部署。

人才之成出于学。习近平总书记指出，青少年阶段是人生的"拔节孕穗期"，最需要精心引导和栽培。我们办中国特色社会主义教育，就是要理直气壮开好思政课，用新时代中国特色社会主义思想铸魂育人，引导学生增强中国特色社会主义道路自信、理论自信、制度自信、文化自信，厚植爱国主义情怀，把爱国情、强国志、报国行自觉融入坚持和发展中国特色社会主义事业、建设社会主义现代化强国、实现中华民族伟大复兴的奋斗之中。

高中政治开设必修四门：中国特色社会主义、经济与生活、政治与法治、哲学与文化，选择性必修三门：当代国际政治与经济、法律与生活、逻辑与思维，选修三门：财经与生活、法官与律师、历史上的哲学家。

职业万花筒：

政治学类国际事务与国际关系专业就业方向：主要定位在中外合资、中外合资经营、外资独资、政府对外经济文化部门和学术机构（例如：金融财会与管理毕业生可就业于专业外贸公司、金融机构等单位从事国际贸易及国际化经营管理活动以及相关政策研究机构）。

政治学类国际政治专业就业方向：各级党政机关、外事部门、新闻单位和教学科研机构工作及到企事业单位、进出口公司和金融机构从事相关的工作。

政治学类社会工作专业就业方向：民政、妇联、共青团、工会、卫生、司法、教育等系统和城乡社区组织、社会团体、社会服务机构从事社会工作的服务与管理的工作。

政治学类外交学专业就业方向：外交学专业毕业生主要到外交和其他外事部门从事国际问题的实际工作、研究和教学工作。

政治学类政治学、经济学与哲学专业就业方向：该专业的毕业生可以到政府机关、社会管理部门、财富创造部门和国内外哲学社会科学研究机构从事相关学术研究、教学、销售经营、管理、咨询策划服务等工作。

政治学类政治学与行政学专业就业方向：各级各类党政机关、政府、人大、政协、民主党派、司法、新闻出版机构、工会等部门的政务活动、行政管理、办公室工作，或理论宣传和政治教育；企事业单位、社会组织的政策法规部门、研究部门、人事与教育培训部门、行政监察部门、综合办公部门、宣传与公共关系部门等的政策分析、组织人事、行政管理、外事交流、文秘、宣传等方面的工作；基层群众自治组织中的管理岗位；高等教育单位与科研机构的政治学教育研究等。

生涯体验营：

政治和我们的生活是那么的息息相关，除了上述职业，你身边和政治相关的职业还有哪些？请罗列 10 项和政治相关的职业。

我身边与政治有关的职业

1.＿＿＿＿＿＿＿＿＿＿＿＿＿＿ 2.＿＿＿＿＿＿＿＿＿＿＿＿＿＿

3.＿＿＿＿＿＿＿＿＿＿＿＿＿＿ 4.＿＿＿＿＿＿＿＿＿＿＿＿＿＿

5.＿＿＿＿＿＿＿＿＿＿＿＿＿＿ 6.＿＿＿＿＿＿＿＿＿＿＿＿＿＿

7.＿＿＿＿＿＿＿＿＿＿＿＿＿＿ 8.＿＿＿＿＿＿＿＿＿＿＿＿＿＿

9.＿＿＿＿＿＿＿＿＿＿＿＿＿＿ 10.＿＿＿＿＿＿＿＿＿＿＿＿＿

与同学交流，还有哪些你不了解的职业？这些职业在哪些方面应用到了政治学科的相关知识？

政治是一门综合性极强的学科。生活中，我们需要的不仅仅是政治专业的人才，更需要专业功底扎实、综合素质全面的复合型人才。那么政治可以和哪些学科融合？又能创造出什么新的价值？

我身边与政治有关的学科融合

1.融合的学科是 ＿＿＿＿＿＿＿＿＿＿＿＿＿＿，政治在其中的作用有

＿＿＿＿＿＿＿＿＿＿＿＿＿＿＿＿＿＿＿＿＿＿＿＿＿＿＿＿＿＿。

2.融合的学科是 ＿＿＿＿＿＿＿＿＿＿＿＿＿＿，政治在其中的作用有

＿＿＿＿＿＿＿＿＿＿＿＿＿＿＿＿＿＿＿＿＿＿＿＿＿＿＿＿＿＿。

我的生涯体验笔记：

1. 政治是一门重要的学科，因为 ＿＿＿＿＿＿＿＿＿＿＿＿＿＿＿＿。我发现生活中处处有政治，如 ＿＿＿＿＿＿＿＿＿＿＿＿＿＿＿。假如满分是 10 分，我给自己现在拥有的政治学科能力打分是 ＿＿＿＿，原因是 ＿＿＿＿＿＿＿＿＿＿＿＿＿＿＿＿＿＿＿＿＿＿＿＿＿＿＿＿。如果要提升 0.5 分，接下来我可以做的是 ＿＿。

2. 如果从我身边与政治相关的职业中选择一个从业，我最可能选择的是

_____，选择它的理由是 _____

_____。

生涯拓展资料库：

①《生活中的经济学》作者：茅于轼 出版社：暨南大学出版社 出版时间：2007 年

《生活中的经济学》共有三篇：微观经济学、宏观经济学以及经济体制。第一篇微观经济学涉及搬家、超级市场、旅游环境、能源等与老百姓日常生活联系的方面。第二篇宏观经济学中涉及银行、国民生产总值、通货膨胀等美国社会的宏观方面。第三篇经济体制中联系中国当时的发展状况。

②《弗里德曼的生活经济学》（新版）作者：[美]米尔顿·弗里德曼 译者名：赵学凯 出版社：中信出版社 出版时间：2006 年

《弗里德曼的生活经济学》（新版）为理性生活提供了基本指南。它揭示了日常生活的必备知识，不了解这些，你很可能会被生活的洪流所淹没。《弗里德曼的生活经济学》（新版）通俗易懂的风格、充满睿智的论述不仅是喜欢经济学的读者最合适的读本，也可以成为在经济学迷宫中摸不清方向的学生最好的教学辅导书。一句话，《弗里德曼的生活经济学》（新版）将教给你在日常生活中如何做出正确选择、如何制定合理战略，让你更从容地驾驭生活。

③与政治学科息息相关的专业

思想政治教育、马克思主义哲学、科学社会主义、西方哲学、经济学、管理学、金融学、投资学、市场营销、工商管理、国际经济与贸易、社会学、金融工程、会计学、国际会计、财务管理等。

第9课 了解地理

杨 婷

导语：

为什么冬天白天短，夏天白天长？为什么地球上有各种各样美丽地貌景观？为什么每天都要看天气预报？生活中几乎每时每刻，我们都在与地理这门学科互动。

生涯故事汇：

中国南极科考的倡导者

谢自楚，1937年1月30日出生于湖南衡南，冰川学家、中国雪崩学初创者，国际欧亚科学院院士，中国科学院兰州冰川冻土研究所原所长、研究员、博士生导师，兼任湖南师范大学教授、博士生导师。已于2020年1月25日逝世。

他先后主持国家、中科院、省（自治区）和国际合作科研项目20余项，在国内外重要刊物发表论文180余篇，其中《中国现代冰

谢自楚

川的基本特征》《中国冰川的分布特征及变化》《冰川稳定性系数的初步研究》等重要的论文，对中国冰川特征、成冰作用和冰川物质平衡、冰物理等方面提出了一系列有创见性的理论原理，成为中国冰川学的奠基之作，为开创中国的冰川科研事业作出了卓越的贡献；出版学术专著12部；先后到20余个国家作访问学者，参加国际学术会议及访问30余次。去南极考察，是谢自楚痴心等候

了 25 年的梦想。他一有机会就搜集国外科学家考察南极的资料，再也没有比有关南极的消息更令他兴奋的了。

为了把南极考察推上中央和国家的议事日程，谢自楚想尽了办法。

谢自楚清楚地记得，那是 1977 年冬，他赴京参加中科院地学部组织的一次工作会议。地学部一位负责同志问他："我们搞西藏综合考察，影响很大，你下一步抓什么大课题？"他不假思索就回答："抓南极。"话音未落，这位负责人笑着说："抓南极，谈何容易，苏联当年考察南极是海军护送的。"诚如其言，当时"文革"刚结束，国家百废待兴，南极考察还提不上日程。

1978 年，全国科学大会召开，谢自楚借科学春风，不失时机向大会提出了"考察南极刻不容缓"的书面建议。从此，国家科学规划中首次出现了南极这个字眼。此后，他每次到北京出差，都要到国家自然资源综合考察委员会、中科院地学部和国家科委呼吁，希望国家及早着手准备南极考察。

1979 年，谢自楚又利用出国参加学术讨论会的机会向澳大利亚同行提出与澳方进行冰川合作研究的意向。他的不懈努力终于有了回音：1980 年初，中科院地学部打电话到兰州冰川冻土研究所，询问谢自楚是否可以立即参加澳大利亚的南极考察。正在珠峰担任科教电影《中国的冰川》一片的科学顾问的谢自楚，急匆匆赶到北京。但为时已晚，有关部门已选定张青松和董兆前作为中国第一批赴南极考察人员。此次意外落选让他抱憾终身。

议一议：

你认为是什么一直支撑着谢自楚克服困难也要考察南极？

地理大揭秘：

地理是一门研究地球表面、人类活动及其相互关系的学科。它探讨了地球上的自然环境、地理特征、气候、土壤、水资源、动植物生态系统等方面的内容，以及人类在这些环境中的活动、文化、经济、政治等方面的内容。

地理学主要关注地球上的各种现象和过程，包括地形、地势、山脉、河流、湖泊、海洋、大气和气候系统、地球内部结构等自然要素，以及人类在地球上的分布、城市发展、人口变动、交通运输、资源利用、环境变化等人文要素。

地理学通过观察、实地调查、遥感技术、地理信息系统（GIS）等方法，研究地球表面的空间分布、相互作用和变化规律。它不仅是一门学科，也是一种综合性的思维方式，可以帮助人们理解地球上的问题，包括环境变化、可持续发展、资源管理、自然灾害等，为人类的生活和社会发展提供指导和决策支持。

职业万花筒：

根据教育部最新发布的《普通高等学校本科专业目录》可知，地理科学类（705）包括地理科学、自然地理与资源环境、人文地理与城乡规划、地理信息系统4个专业。

1.地理科学专业：地理老师

总体属于师范性质，所以本科学习的内容比较宽泛，本专业以重基础、重技能、宽口径的人才培养理念为指导思想，在课程与课时设置上重视地理科学专业基础课程的教学，强化学生的地理实践与地理教学技能训练课程的教学、因学生而异开设选修课程以拓宽学生的知识领域。

2.自然地理与资源环境专业：偏向资源、国土、环境

本专业培养具备自然地理与资源环境的基本理论、知识和技能，具有创新意识和实践能力，接受严格科学思维和训练和良好的专业技能训练，具有一定的开展科学研究的能力。立足于地球表层特征及其变化、自然资源管理、环境保护、3S技术，能在企事业单位从事自然地理过程、环境变化研究和资源管理、环境保护或应用的高素质复合型专门人才。

3.人文地理与城乡规划专业：规划、设计

人文地理与城乡规划专业是以人口、资源、环境与区域可持续发展的研究、应用、管理为内容的基础性与应用性相结合的专业，由原资源环境与城乡规划管理专业拆分而来。它涉及地理科学、人文科学、城乡建设规划、地理信息系统管理等多个领域的内容。其目的是为了适应近来城市建设、房地产业、旅游业等方面飞速发展，为社会提供更多的专门人才。

4. 地理信息：科研、应用

地理信息科学(geographic information science)研究地理信息采集、分析、存储、显示、管理、传播与应用，及研究地理信息流的产生、传输和转化规律的一门科学。

地理信息科学是近 20 年来新兴的一门集地理学、计算机、遥感技术和地图学于一体的边缘学科和交叉学科，主要培养具备地理信息科学与地图学、遥感技术方面的基本理论、基本知识、基本技能，能在科研机构或高等学校从事科学研究或教学工作，能在城市、区域、资源、环境、交通、人口、住房、土地、灾害、基础设施和规划管理等领域的政府部门、金融机构、公司、高校、规划设计院所，从事与地理信息系统有关的应用研究、技术开发、生产管理和行政管理等工作。

生涯体验营：

地理和我们的生活是那么的息息相关，除了上述职业，你身边和地理有关的职业有哪些？请罗列 8 项和地理相关的职业或者需要用到地理技术的工作。

与同学交流，你写下的都是哪些职业，这些职业在哪些方面应用到了地理

> 我身边与地理有关的职业
>
> 1.＿＿＿＿＿＿＿＿＿＿＿＿＿＿ 2.＿＿＿＿＿＿＿＿＿＿＿＿＿＿
> 3.＿＿＿＿＿＿＿＿＿＿＿＿＿＿ 4.＿＿＿＿＿＿＿＿＿＿＿＿＿＿
> 5.＿＿＿＿＿＿＿＿＿＿＿＿＿＿ 6.＿＿＿＿＿＿＿＿＿＿＿＿＿＿
> 7.＿＿＿＿＿＿＿＿＿＿＿＿＿＿ 8.＿＿＿＿＿＿＿＿＿＿＿＿＿＿

的技术或知识。

地理学相关技术的进步常常推动着时代的发展。生活中，地理学可以与哪些学科有融合，怎样融合？

我的生涯体验笔记：

> 我身边与地理有关的学科融合
>
> 1.融合的学科是 ＿＿＿＿＿＿＿＿＿＿＿＿＿＿＿，地理在其中的作用有
> ＿＿＿＿＿＿＿＿＿＿＿＿＿＿＿＿＿＿＿＿＿＿＿＿＿＿＿＿＿＿＿。
>
> 2.融合的学科是 ＿＿＿＿＿＿＿＿＿＿＿＿＿＿＿，地理在其中的作用有
> ＿＿＿＿＿＿＿＿＿＿＿＿＿＿＿＿＿＿＿＿＿＿＿＿＿＿＿＿＿＿＿。

1. 地理学是一门重要的学科，因为 ＿＿＿＿＿＿＿＿＿＿＿＿＿＿＿＿＿＿。我发现生活中处处有地理，如 ＿＿＿＿＿＿＿＿＿＿＿＿＿＿＿＿＿＿。假如满分是 10 分，我给自己现在拥有的地理能力打分是 ＿＿＿＿＿＿＿＿＿＿＿＿，原因是 ＿＿＿＿＿＿＿＿＿＿＿＿＿＿＿＿＿＿＿。如果要提升 0.5 分，接下来我可以做的是 ＿＿＿＿＿＿＿＿＿＿＿＿＿＿＿
＿＿＿＿＿＿＿＿＿＿＿＿＿＿＿＿＿＿＿＿＿＿＿。

2. 如果从我身边与地理相关的职业中选择一个从业，我最可能选择的是
＿＿＿＿＿＿＿＿＿＿＿＿＿＿。选择它的理由是 ＿＿＿＿＿＿＿＿＿＿＿＿
＿＿＿＿＿＿＿＿＿＿＿＿＿＿＿＿＿＿＿＿＿＿＿＿＿＿＿＿＿＿＿＿。

生涯拓展资料库：

①《地理学与生活》 作者：［美］阿瑟·格蒂斯 ［美］朱迪丝·格蒂斯 ［美］杰尔姆·D.费尔曼 出版社：后浪出版咨询（北京）有限责任公司、世界图书出版公司 出版时间：2013 年

相对于其他地理学书籍，本书特别突出了地理学与生活的相关性。对人体有害的天气现象、城市土地利用模式、城市垃圾与危险废物的处理等与我们生活密切相关的问题均有涉及。平实、生动的文字与丰富的实例，使本书极具可读性，读者通过本书亦会获得一种新的思维方式。

②与地理学科息息相关的专业

气象类专业、旅游专业、地矿类专业、城乡规划类、水利水电类、地图测绘类（卫星遥感、GIS 专业）、地理教育类、天文学专业、石油工程等。

融合篇

第1课 感伟人情怀 树远大理想

——语文学科生涯课例

陈 超

教材分析：

《沁园春·长沙》是统编高中语文必修上册第一单元的第一篇课文，本单元的人文主题是"青春的价值"。这首词体现了毛泽东革命现实主义和革命浪漫主义的完美结合。32 岁的毛泽东，面对湘江的自然秋景，用词作表达出他对当时革命形势的思考和改造世界的雄心壮志。学生能够从中感受到毛泽东的革命热情和爱国情怀，更加坚定自己不断进取、奉献社会的信念与愿望，对中学生树立生涯规划意识有重要意义。

学情分析：

首先从知识构成来看，学生在初中学习过《沁园春·雪》，对毛泽东的诗词有一定认识，也掌握了初步鉴赏诗词的方法。其次，从学生的情感体验来看，高一学生正处于青春阶段，他们朝气蓬勃，比较容易感受到诗人积极乐观，昂扬向上的感情。学生的难点在于把握诗词情景交融之妙，提高诗词品读和审美鉴赏能力；体会诗人博大的胸襟和以天下为己任的责任意识。高中时期是青年世界观、价值观、理想信念形成的重要时期，他们需要树立榜样。学习此课，引导学生领会诗人主宰天地沉浮的博大胸襟和大无畏的革命气概，对学生思考青春价值，充实精神生活，激扬爱国热情起着重要作用。

教学目标：

1.品味关键词语，把握词中描绘的意象；分析景中寓情、情中显志的特点；培养鉴赏诗词的能力。

2.感受伟人博大的情怀和以天下为己任的伟大抱负，体会榜样的力量，理解青春的价值，从而追寻理想、拥抱未来。

3.从伟大人物的生涯选择中获得启迪，进行初步基于自我对未来的生涯规划。

教学重难点：

1.体会词作的雄浑意境，感受诗人的乐观精神、革命壮志和博大情怀，激发学生的历史责任感和奋发向上的激情。

2.发挥榜样力量，树立远大理想，激发学生生涯发展意识。

教学过程：

【自主探究】

一、创设情景，激发兴趣

学习活动一：忆一忆，秋的诗句

秋是一个丰富而充满想象的季节，古往今来的文人墨客写下了许多感秋诗文，表达对秋的感悟与思考，你知道的有哪些？

在学生回答的基础上，教师用多媒体课件出示以下诗句，并让学生说说这些诗句表达了作者怎样的思想感情。

> 月落乌啼霜满天，江枫渔火对愁眠。
>
> 空山新雨后，天气晚来秋。
>
> 落霞与孤鹜齐飞，秋水共长天一色。
>
> 自古言秋多寂寥，我自言秋胜春朝。
>
> 无边落木萧萧下，不尽长江滚滚来。

（设计意图：营造适于本词鉴赏的情景氛围，以便于学生能在最短的时间内对诗词形成一种感性认识，也便于激活学生已有的知识储备，激发学生鉴赏本词的兴趣和热情。）

二、整体感知，了解内容

学习活动二：读一读，读出大气

配乐朗诵，学生自读课文，思考本词上下阕各写了什么内容？分别圈出统领上下阕词句内容的两个字；划出最能表现本词主旨的一句词，体会这句词在全词中的作用。（分学习小组讨论，交流自学情况。）

课堂讨论，教师归纳板书：

上阕：描绘绚丽多彩的湘江秋景（看）

主旨：怅寥廓，问苍茫大地，谁主沉浮？（承上启下）

下阕：抒发慷慨激昂的革命情怀（忆）

（设计意图：引导学生用诵读法自学，让学生走进诗词的意境，与诗词对话，通过对话了解诗词的主要内容；通过圈划法揣摩语言，培养学生良好的语感和整体感知诗词的能力。）

【合作交流】

三、品味鉴赏，体景悟情

学习活动三：品一品，品出"大美"

1. 上阕描绘了哪些意象？诗人用了哪些词来描绘这些意象？这些意象有何特点？

赏析："看"统领的意象：山、林、江、舸、鹰、鱼——万类。

万山红遍："万"字强调山之多，"遍"写出红之广。四字一句，写出诗人在橘子洲头远眺，映入眼帘的起伏群山，一派火红的景色。眼前景色，很容易让人联想到火热、蓬勃的革命形势。

层林尽染：写出起伏的群山，林木茂盛，秋叶经霜变红的景色。"染"，运用拟人的手法，写出秋林由绿变红的渐进过程，火红的色彩，重重叠叠，层层加重，最终完全变成靓丽的红色。

漫江碧透，百舸争流："漫"，写出整条大江江水满溢之状；"争"，展现了江面上千帆竞发、争先恐后的热闹场面。俯瞰眼前北去的湘江，满江如碧玉般清澈见底，江面上来来往往的船只争先恐后，你追我赶一派热闹繁忙的景象。

鹰击长空："击"与"飞"的区别？陌生化用词，更加形象、生动，天空中，雄鹰展翅，身姿矫健，充满勇猛的力量。而"飞"字，用语太过俗常，缺乏新奇的个性。

鱼翔浅底："翔"与"游"的比较——通常描述鱼的状态都是用"游"字，"翔"多用来描述飞鸟的姿态。蓝天映照碧水，由于江水过于澄澈，江中的鱼，都好像"空游无所依"，如鸟儿在天空飞翔一样，轻松自如，而又酣畅淋漓。

万类霜天竞自由：由眼前景扩展到世界万物，并作了哲理性的概括。世间万物都在秋光中争着过自由自在的生活。从象征意义上来看，它生动地再现了当时中国工农革命运动蓬勃发展的现状。

2. 诗人借这些意象表达了怎样的情怀？

湘江秋色图的描绘，一改古人笔下的寂寥、肃杀、悲苦、愁怨的情怀与格调，通过远近、俯仰、动静灵活多变的视角和颜色对比、动作对照有机结合，写出湘江秋色的绚丽多彩、生机盎然，凸显诗人的壮志豪情和博大胸怀。上阕，重在写景，却处处寓情。"湘江秋景图"以诗人为中心、江洲为背景，捕捉生机盎然的事物，构成绚丽壮美的画面，所写之景无不流露出激荡的思潮。红色的基调，既是枫林如火的再现，又寄寓着诗人火热的革命情怀，有对祖国命运的乐观憧憬。万类"竞自由"，更包蕴了诗人对自由解放的向往与追求。一个"怅"字，将奔来之景收束，由眼前之景到心中之志，诗人自然地思索祖国命运和革命前途，提出"谁主沉浮"的重大命题，转而进入下阕的抒怀。

3. 自古文人悲秋，为什么青年毛泽东笔下的湘江秋景却如此绚丽多彩、生气勃勃？

知人：了解一个人的作品，首先要了解这个人的经历。毛泽东是一个有远大志向的人，16 岁读书时写下《咏蛙》：独坐池塘如虎踞，绿荫树下养精神。春来我不先开口，哪个虫儿敢作声。到湖南一师上学时，毛泽东偷着在父亲的帐簿中留言：孩儿立志出乡关，学不成名誓不还。埋骨何须桑梓地，人生无处不青山。毛泽东还是一个诗人，始终用诗性的眼光看待世界。在战争过程中，留下很多脍炙人口的诗歌，被人们誉为"马背诗人"。其诗歌充满壮美雄浑的浪漫主义风格特色。

论世："文章合为时而著，歌诗合为事而作"。1925 年前后，五卅运动和省港大罢工相继爆发，毛泽东直接领导湖南的农民运动。同时，国共两党的统一战线确立，国民革命政府在广州正式成立。这年深秋，毛泽东自韶山赴广州接办农民运动讲习所，途经长沙，追怀在长沙的求学经历。当时，大革命的风暴风起云涌，全国形势一派大好。所以，其笔下的秋景是昂扬的、蓬勃的、壮美的。

小结：青年毛泽东以天下为己任，蔑视反动派，有改造旧中国的豪情壮志，他不同于多愁善感的纤弱文人，所以诗词也不同凡响，充满豪情壮志。

学校活动四：比一比，比出"大志"

1. 上阕提出"谁主沉浮"的问题，下阕是怎样回答的呢？

作者没有正面回答这个问题，而是宕开一笔，回忆当年的生活、同学、战友，还有那些不寻常的往事。这样写从结构上来看，回到橘子洲上，重游故地，当然要重温旧梦。同时回答了上文的疑问。能够主宰沉浮的，能够领导中国革命的，应该是我的"百侣"。

2. 青年毛泽东为什么如此自信这群"同学少年"能肩负国家的前途和命运呢？诗人笔下刻画了一群怎样的有志青年呢？

这群"同学少年"是朝气蓬勃、奋发有为的革命青年，是意气奔放、才华横溢的革命青年,是关心国家命运,斗志旺盛、蔑视权贵,敢为天下先的革命青年。很多研究者认为,"五四"运动包括两方面内容,一是思想启蒙,重在个体精神自由;一是政治救亡,重在群体战斗行动。《沁园春·长沙》上下阕恰是分别表现这两方面。上阕是"万类霜天竞自由",过渡句是"谁主沉浮",答案是"携来百侣曾游"。

究竟谁主沉浮,诗人采用不答之答。既然这群百侣——年轻,有知识、有文化,以天下为己任,他们自然能够中流击水,主宰沉浮,挽狂澜于既倒,扶大厦之将倾。这样的场景含蓄地回答了上面的提问,言已尽而意无穷,意已尽而情不已。

下阕选用典型事例,将往事化为触手可及的形象,构成意象群,中心意象群是"同学少年"。正是这群青年才俊,一代英豪,代表着主宰世界的新生力量。

3.鉴赏"曾记否,到中流击水,浪遏飞舟?"

多么大的气魄!这么大的气魄当然能"主沉浮"。毛泽东青年时代就有"自信人生二百年,会当击水三千里"的鸿鹄大志,革命气概何其大也!

小结:词上阕描绘了一幅多姿多彩、生机勃勃的湘江寒秋图,并即景抒情,提出了"苍茫大地,谁主沉浮"的问题。下阕回忆了往昔的峥嵘岁月,表现了诗人和战友们为了改造旧中国英勇无畏的革命精神和壮志豪情。形象含蓄地给出了"谁主沉浮"的答案——主宰国家命运的,是以天下为己任、蔑视反动统治者、敢于改造旧世界的青年革命者。下阕抒发了改造旧中国,担负起主宰国家前途命运大任的豪情壮志和革命情怀,所抒之情慷慨激昂。

【合作探究】

四、感伟人情怀,树远大理想

学习活动五:联系现实和自己,谈谈当代"同学少年"应该有怎样的大志和大局意识?

我国广大青年要坚定理想信念,培育高尚品格,练就过硬本领,勇于创新创造,矢志艰苦奋斗,同亿万人民一道,在矢志奋斗中谱写新时代的青春之歌。

——习近平 2020 年 8 月 17 日致全国青联十三届全委会和全国学联二十七大的贺信

补充资料：人物事例

2022 年感动中国十大人物——中国航天人

从 1970 年中国发射第一颗人造地球卫星 "东方红一号"，到今天，中国人探索太空的脚步，从近地走向深空，从无人走向有人，从月球走向火星，"敢上苍穹揽月，不畏艰险启航，豪情问天，壮志报国。"在航天大国迈向航天强国的道路上，中国航天人勇攀高峰、自立自强，用一个个坚实的脚印，把梦想化作现实。"北斗人"踔厉奋发，"探火人"笃行不怠……航天人，好样的！

2022 年感动中国十大人物——陈贝儿

陈贝儿在节目《无穷之路》中穿梭全国六个省份，包括四川、云南、宁夏、海南、广西及贵州，由全国最南部的热带雨林，走到云贵高原大峡谷，踏进大西北戈壁沙漠，进入川藏高原，深入十个贫困县，了解各地民生，分享成功脱贫的故事。口碑载道的《无穷之路》除了在香港本地取得理想收视成绩之外，海外观众亦好评如潮。

2019 年感动中国十大人物——四川森林消防员

2019 年 3 月 30 日下午，四川凉山木里县发生森林火灾，四川森林消防总队凉山支队西昌大队组织消防队员开赴一线展开扑救。 3 月 31 日消防队员克服山高坡陡、沟深林密、缺氧难行等困难，每人负重 30 余斤，徒步行军 8 个小时，在海拔 3700 余米的地方与森林大火展开了搏斗，当天下午，明火已被扑灭后，消防员在向山谷两个烟点迂回接近时，遭遇林火爆燃，27 名森林消防指战员和 4 名当地扑火人员全部牺牲。

2019 年感动中国十大人物——黄文秀

北京师范大学硕士毕业后回乡工作，2018 年担任广西百色乐业县百坭村的驻村第一书记。黄文秀的家庭并不富裕，父亲身患重病，重重压力之下，黄文秀总是乐观开朗、积极向上。 从进村开始，黄文秀就努力融入当地生活，挨家挨户走访，学会了桂柳方言，一年多时间，她帮村里引进了砂糖橘种植技术，教村民做电商；协调给每个村建起了垃圾池。在黄文秀任上，百坭村 103 户贫困户顺利脱贫 88 户，村集体经济项目收入翻倍。 黄文秀驻村笔记中写道："每天都很辛苦，但心里很快乐。" 2019 年 6 月 17 日凌晨，黄文秀遭遇突发山洪不幸遇难，年仅 30 岁。

【学生展示环节】

学生 1："恰同学少年，风华正茂"，青年要心怀"国之大者"，树立远大志向。青年兴则国家兴，青年强则国家强。我们要胸怀星辰，将个人志向与强国兴邦、利国利民紧紧联系起来。周恩来总理的"为中华之崛起而读书"成为无数青少年的座右铭，雷锋同志的"一滴水只有放进大海里才永远不会干涸，一个人只有当他把自己和集体事业融合在一起的时候才能最有力量"，我们要立鸿鹄志，做奋斗者。新时代青年要心怀"国之大者"，把小我之志向融入祖国之未来，与时代同进步、与民族共命运、与人民同呼吸。

学生 2：我们要学习黄文秀、陈贝儿、四川森林消防员等青年榜样，坚定理想信念，自觉把人生追求与党的事业紧密联系在一起。把人生理想融入国家富强、民族振兴、人民幸福的伟业之中，主动担负起时代赋予的历史重任。一代人有一代人的使命，一代人有一代人的担当。在艰巨任务、艰苦环境中经风雨、见世面、壮筋骨，练就一副堪当时代重任的铁肩膀；干实事、求实效，在真抓实干中练就一身善作善成的真本领，脚踏实地把每件平凡的事做好，在平凡的岗位上创造不平凡的业绩。

【体验学习】

五、读写融合，规划生涯

学校活动六：时代和社会是出题人，我们每个人都是答卷人。有人说，一生只做好一件事，一事只怀一颗心；有人说，多样的人生会更精彩；也有人说，一生只做好一件事，也是经历过多样人生后的一种抉择。不同的人有不同的答案。对此，你有怎样的思考和感悟？

假如你所在的学校要举办生涯规划论坛，请结合上述材料，联系现实写一篇发言稿。

要求：自选角度，确定立意；自拟标题；符合文体特征；不要套作，不得抄袭；不得泄露个人信息；不少于800字。

第二节课每个学习小组选出一名同学来讲解与展示作文内容，之后进入自由提问环节，调动课堂的氛围。通过对教学环节的有效设计，可让每个学生均积极、主动参与到课堂学习中来，实现对生涯规划的深层领悟。教师在最后应进行全面、系统的点评，并分析、总结教学内容，形成相应的知识框架。

（设计意图：怎样的人生是精彩的？不同的人有不同的答案，关键是应有自己的思考和感悟，这就打开了学生的生涯规划意识，在观点碰撞中发现自己的人生之路。让学生结合自己的实际来谈一谈理想，给学生提供抒发自己情感的机会，使高中生牢固树立正确的价值念。）

板书设计：

沁园春·长沙

毛泽东

上阕写景　描绘绚丽多彩的秋景图

问

↓

谁主沉浮？

↑

答

下阕叙事抒情　抒发胸怀天下的革命情

教学反思：

《沁园春·长沙》是一首革命壮歌，表达了一代伟人的革命豪情、奋斗精神，是激励当代青年人绽放青春光彩、担当家国责任、弘扬革命文化的经典作品。本课的设计有两处创新：一是深入挖掘了红色革命文化资源，突出了立德树人的教育宗旨。结合伟人生平和创作，感受伟人情怀，树立远大理想。二是将语文学科与生涯发展相融合，唤起生涯发展及规划的意识。通过教学实践，基本上能够达到预设目的。

生涯一点通：

生涯发展与语文学科融合是一次全新的尝试，对于生涯规划不能只停留在设想阶段。高中语文教学中渗透生涯规划教育，需要教师积极挖掘、开发并合理使用资源，指导学生学习不同领域翘楚们的卓越品质和探索精神，并在情境体验里进一步树立职业理想，激发自我规划的热情，为学生的健康幸福人生奠定坚实的基础，从而更加坚定学生提升自身综合能力、提升核心素养的决心，激发学生探究意识和发展潜能。

第 2 课 数学与人生

——数学学科生涯课例

赵优良

学情分析：

学生经过 9 年学习，对数学已经有了初步的了解，但是对数学的基本特征、数学学习的意义、数学的作用、数学学习与职业生涯规划的关联缺乏深入、全面的了解。对于未来的职业规划，很多学生没有进行过深入的思考。

教学目标：

通过教学，让学生进一步了解数学的重要性，学好数学所需要的基本方法、基本素养，了解与数学有关的专业和职业方向等，明白数学学习的重要性，并在此基础上对学生进行职业生涯规划的指导。

教学重点：

数学与职业生涯规划的关联

教学难点：

学好数学与职业生涯规划的相关性

教学过程：

数学学科生涯规划指导

一、学科价值与前景分析

（一）学科价值

1. 从课程性质来看

数学是研究数量关系和空间形式的一门科学。数学源于对现实世界的抽象，基于抽象结构，通过符号运算、形式推理、模型构建等，理解和表达现实世界中事物的本质、关系和规律。数学与人类生活和社会发展紧密关联。数学不仅是运算和推理的工具，还是表达和交流的语言。数学承载着思想和文化，是人类文明的重要组成部分。数学是自然科学的重要基础，并且在社会科学中发挥越来越大的作用，数学的应用已渗透到现代社会及人们日常生活的各个方面。随着现代科学技术特别是计算机科学、人工智能的迅猛发展，人们获取数据和处理数据的能力都得到很大的提升。伴随着大数据时代的到来，人们常常需要对网络、文本、声音、图像等反映的信息进行数字化处理，这使数学的研究领域与应用领域得到极大拓展。数学直接为社会创造价值，推动社会生产力的发展。

数学在形成人的理性思维、科学精神和促进个人智力发展的过程中发挥着不可替代的作用。数学素养是现代社会每一个人应该具备的基本素养。

数学教育承载着落实立德树人根本任务、发展素质教育的功能。数学教育帮助学生掌握现代生活和进一步学习所必需的数学知识、技能、思想和方法；提升学生的数学素养，引导学生会用数学眼光观察世界，会用数学思维思考世界，会用数学语言表达世界；促进学生思维能力、实践能力和创新意识的发展，探寻事物变化规律，增强社会责任感；在学生形成正确人生观、价值观、世界观等方面发挥独特作用。

高中数学课程是义务教育阶段后普通高级中学的主要课程，具有基础性、选择性和发展性。必修课程面向全体学生，构建共同基础；选择性必修课程、选修课程充分考虑学生的不同成长需求，提供多样性的课程供学生自主选择；高中数学课程为学生的可持续发展和终身学习创造条件。

2. 从课程目标来看

通过高中数学课程的学习，学生能获得进一步学习以及未来发展所必需的数学基础知识、基本技能、基本思想、基本活动经验；提高从数学角度发现和提出问题的能力、分析和解决问题的能力。在学习数学和应用数学的过程中，学生能发展数学抽象、逻辑推理、数学建模、直观想象、数学运算、数据分析等数学学科核心素养。通过高中数学课程的学习，学生能提高学习数学的兴趣，增强学好数学的自信心，养成良好的数学学习习惯，发展自主学习的能力；树立敢于质疑、善于思考、严谨求实的科学精神；不断提高实践能力，提升创新意识；认识数学的科学价值、应用价值、文化价值和审美价值。

（二）前景分析

2018年1月3日的国务院常务会议上，李克强总理突出强调理论数学等基础学科对提升原始创新能力的重要意义。"数学特别是理论数学是我国科学研究的重要基础。我到一些大学调研时发现，能潜下心来钻研数学等基础学科的人还不够多。"李克强说，"无论是人工智能还是量子通信等，都需要数学、物理等基础学科作有力支撑。我们之所以缺乏重大原创性科研成果，'卡脖子'就卡在基础学科上，数学等基础学科研究要着眼于未来，但必须从教育抓起。"

在现代社会，人们的生活愈来愈离不开数学，我们天天享受着数学的服务，人人都用手机，但并不是人人都知道其中许多关键技术是数学提供的。在量子力学中用到的概率、算子、特征值、群论等基本概念和结论都是数学上预先准备好了的，数学对第三次科学革命起到了推动作用。任何一门成熟的科学都需要用数学语言来描述，在数学模型的框架下来表达它们的思想和方法。当代数学不仅继续和传统的邻近学科保持紧密的联系，而且和一些过去不太紧密的领域的关联也得到发展，形成了数学化学、生物数学、数学地质学、数学心理学等众多交叉学科。数学在模拟智能和机器学习中也起了很重要的作用，包括：环境感知、计算机视觉、模式识别与理解以及知识推理等。数学在社会科学，如经济学、语言学、系统科学、管理科学中占据重要位置。现代经济理论的研究以数学为基本工具。通过建立数学模型和数学上的推演，来探求宏观经济和微观经济的规律。从1969年到2020年间，86名诺贝尔经济学奖得主中，有27人其主要贡献是运用数学方法解决经济问题。数学与金融科学的交叉——金融数学是当代十分活跃的研究领域。控制理论与运筹学，特别是线性规划、非线性规划、最优控制、组合优化等在交通运输、商业管理、政府决策等许多方面得到广泛的应用。人们利用观察和试验手段获取数据，利用数据分析方法探索科学规律。数理统计学是一门研究如何有效地收集、分析数据的学科，它以概率论等数学理论为基础，是"定量分析"的关键学科，其理论与方法是当今自然科学、工程技术和人文社会科学等领域研究的重要手段之一。为了处理网络上的大量数据，挖掘、提取有用的知识，需要发展"数据科学"。大数据事实上已成为信息主权的一种表现形式，将成为继边防、海防、空防之后大国博弈的另一个空间。此外，大数据创业将成就新的经济增长点，今天的技术科学如信息、航天、医药、材料、能源、生物、环境等都成功地运用了数学。信息科学与数学的关系最为密切。信息安全、信息传输、计算机视觉、计算机听觉、图象处理、网络搜索、商业广告、反恐侦破、遥测遥感等都大量地运用了数学技术。高性能科学计算被认为是最重要的科学技术进步之一，也是 21 世纪发展和保持核心竞争力的必需科技手段。例如核武器、流体、星系演化、新材料、大工程等的计算机模拟都要求高性能的科学计算。在现代化战争中，数学的作用更为突出。在武器方面有核武器、远程巡航导弹等先进武器的较量。在信息方面有保密、解密、干扰、反干扰的较量。对策方面有战略、策略、武器配制等方面的较量。

二、与数学关联性强的专业

大学与数学相关的专业有很多，几乎所有理工科的专业都跟数学相关。与数学相关的专业主要有基础数学、计算数学、概率论与数理统计、应用数学、运筹学与控制论、理论物理学、地理学、地理信息科学、大气工程、精密仪器、计算机自动化、金融学、会计学、人工智能类专业、建筑学专业、计算机专业、通信工程、机械设计制造及其自动化，等等。

三、专业发展方向与大学介绍

数学学习好的学生，可以根据自己的兴趣、爱好及其特长，进入高校学习深造，可以选择所有理、工、农、医的相关专业，若数学学得不好的学生，一般要避开理、工、农、医的相关专业，可以选择与数学关联不大的专业，如法学、文史、语言类等。

数学类专业推荐院校可以参照全国第四轮学科评估结果，此次评估共 182 所高校参加。其中双一流学校有：北京大学、清华大学、北京师范大学、首都师范大学、南开大学、吉林大学、东北师范大学、复旦大学、上海交通大学、中国科学技术大学、山东大学、中南大学、中山大学、四川大学等。

专业级别	学校名称
A+	北京大学、复旦大学、山东大学
A	上海交通大学、清华大学、中国科学技术大学、北京师范大学、西安交通大学、南开大学
A-	四川大学、哈尔滨工业大学、浙江大学、同济大学、武汉大学、华东师范大学、中山大学、吉林大学、南京大学
B+	湖南师范大学、浙江师范大学、湘潭大学、上海大学、兰州大学、华南理工大学、厦门大学、首都师范大学、华南师范大学、湖南大学、苏州大学、国防科技大学、华中科技大学、大连理工大学、重庆大学、中南大学、南京师范大学、华中师范大学、东北师范大学、陕西师范大学
B	广州大学、郑州大学、北京工业大学、西北工业大学、安徽大学、西南大学、河北师范大学、西北师范大学、福州大学、云南大学、上海师范大学、新疆大学、福建师范大学、中国人民大学、西北大学、中国矿业大学

四、学数学主要有三大就业方向，即教育、IT、金融和经济

1. 从事数学教育

学数学，第一个就业方向就是从事数学教育当老师，尤其是数学与应用数学专业的学生，包括中小学老师、大学老师等。

2. 从事 IT 行业

学习数学与信息科学专业毕业生可以从事以下具体的工作：软件设计开发的软件工程师；软件方向的系统分析员；信息和计算技术研究人员；开发管理

应用软件的软件开发人员；高效运行的保障网络或系统管理员；信息收集、管理工作的企业信息管理员。

3. 从事金融、经济行业

金融、经济方向同样非常欢迎数学人才，可从事银行职员、证券分析师、保险精算师、会计、审计师、注册会计师等。

教学反思：

本课更多地介绍了数学的基本特征、数学学习的意义、数学的作用，帮助学生建立数学学习与职业生涯规划的关联，帮助学生全面地了解数学学科可能存在的生涯模式，有利于促进学生的学习兴趣和动力，帮助学生思考自己的生涯发展。

生涯一点通：

数学的基本特征、数学学习的意义、数学的作用、数学学习与职业生涯规划的关系，这些都是属于规划生涯所需的知识。更为丰富的生涯知识，有利于我们在进行生涯探索时更加理性和客观。

第 3 课 B7U3 Career and skills

Integrated skills: Making a career plan

——英语学科生涯课例

邓 慧

主题语境：

人与自我——个人职业倾向、未来规划。

授课时长：

40 分钟。

教 材：

译林版普通高中教科书英语选择性必修四 Unit 3 Integrated skills 板块。

内容分析：

本板块围绕单元话题，以"职业规划"为主题创设情境，展开一系列具有综合性、关联性和实践性的说、听、读、写等学习活动，引导学生学习如何进行个人职业规划，进一步树立职业规划意识。教师首先以学校的生涯规划活动导入，引导学生思考职业规划的必要性，探讨自己喜欢的职业；接着通过听一段介绍如何进行个人职业规划的演讲，了解制定个人职业规划的具体步骤；然后通过阅读一份关于如何成为时尚设计师的职业规划书，思考如何进行正确的职业规划，并通过一个表格梳理自己的相关职业规划；最后要求学生撰写一份个人职业规划书，培养职业规划意识。上述活动环环相扣，每个活动既有重点，又关联其他活动，构成一个综合性语言实践活动。

学情分析：

本班学生即将进入高三，正值个人生涯及职业规划的重要时期。此外，本班学生思维活跃，具备一定的批判性思维，有较强的个人主见。但是，对于如何进行个人职业规划，学生的认识还较为浅薄。如何用英语表达自己的观点态度，对他们也具有一定的挑战性。

教学方法与设计说明：

基于湖南师大附中"三导四学"课堂教学基本范式，本堂课以主题为引领，以课堂活动为依托，将语言能力的训练、文化意识的构建、思维品质的培养和学习能力的提升融合在相互关联的语言与思维活动中：探讨职业规划的重要性，可以锻炼学生的语言表达能力；听力材料中信息的获取和阅读文本中事实的提炼，能考查学生的逻辑思维；撰写自己的职业规划书，旨在进一步培养学生的职业规划意识，提升个人职业规划能力，为未来的学习工作做好准备。

教学目标：

本课学习结束时，学生能够：

1.理解职业规划的重要性；

2.掌握职业规划的具体步骤；

3.撰写个人的职业生涯规划书。

教学重点与难点：

1.引导学生用英语流畅地表达个人的观点；

2.探讨开放性问题，培养学生的批判性思维。

课堂亮点：

1.教学内容形式多样，课堂环节逻辑紧密，全方位训练学生的英语综合技能；

2. 合理设计开放性问题，激发学生进行辩证的思考、交流，完成深度学习目标；

3. 启发学生思考个人职业倾向和未来规划，对学生的自我成长和全面发展有现实意义。

教学用具：

教材、多媒体课件、黑板和粉笔。

教学过程：

教学过程

步骤	教学内容	教学活动	设计意图
Step 1 Lead-in	Show some pictures of the school activities about career plan.	利用新闻报道和现场照片，介绍湖南师大附中"对话职场·预见未来"活动	激活学生的生活经历，引出本节课的话题：职业规划
	Ask students to share their opinions on the following topics: Do you think it is necessary to make a career plan at an early stage? Why? What kind of career would you like? Why do you think it is a good fit for you? In which way can you land your ideal job?	引导学生思考职业规划的必要性，探讨自己喜欢的职业以及自己的具体规划	了解学生的既有知识经验，为新知识的输入做铺垫
Step 2 Listening	Listen to the talk and ask Ss to complete the notes on page 36.	播放关于如何进行个人职业规划的演讲，让学生补全笔记中的信息	通过听力训练考查学生获取信息的能力，帮助学生了解正确的职业规划步骤

续表

步骤	教学内容	教学活动	设计意图
Step 3 Reading and discussing	Ask students to read the career plan on page 37 and discuss: Is it reasonable for Connie to pursue fashion design as her future career? Why? How did she find out about this job? What else do you think she can do? What are her plan to be a fashion designer? Do you think she will succeed? Why?	要求学生先自主阅读一份关于如何成为时尚设计师的职业规划书,再结合上一环节所学,和同伴讨论规划书的合理性和可行性	通过引导学生对比听力材料和阅读文本中的事实信息,锻炼学生的思辨能力,促进深度学习
	Ask students to think about their own career plan by filling a table.	指导学生借助表格提示,梳理自己的相关职业规划	启发学生进一步思考个人的职业规划,完成知识的迁移
Step 4 Writing	Ask students to write their own career plans following the structure: Express your idea about your career goal. Explain your step-by-step plan. Conclude with your hopes for the future.	布置学生结合本堂课所学和自己的思考,撰写个人职业规划书	帮助学生梳理职业规划书的要点和基本框架,提高学生的应用实践能力
	Share some useful expressions.	补充不同段落的有用表达	为学生的语言输出提供支撑

续表

步骤	教学内容	教学活动	设计意图
Step 5 Homework	Assign Ss two tasks: 1.Polish your career plan. 2.Share it in class. (optional)	要求学生课后完善自己的生涯规划书，下节课自愿分享	分层布置任务，让不同层次的学生都学有所获，促进学生自我成长

教学反思：

本课选取了贴近学生生活的真实情景，例如学校举办的对话职场活动，唤醒学生生涯意识，再借助课本中"如何成为时尚设计师的职业规划书"的介绍书，帮助学生建立对一个职业的认识，由点及面，帮助学生培养如何去认识一个职业的能力。最后再落实到学生完善自己的生涯规划书，让学生学有所获，促进学生自我成长。

生涯一点通：

生涯不仅仅是学生学习生涯知识，培养生涯理念，更多需要将所学所知真正实操，应用在自己的生涯规划中，课例中借助"如何成为时尚设计师的职业规划书"的介绍书，落到学生完善自己的生涯规划书，成功地启发学生进一步思考个人的职业规划，完成了知识的迁移。

第4课 揭开火箭的神秘面纱

——物理学科生涯课例

曾 心

设计指导思想：

本单元教学设计是围绕"运动和相互作用"物理观念的建构和发展，以动量守恒定律这一大概念组织教学，整合本单元的动量、冲量和动量定理等概念规律，在此基础上，进一步挖掘教学内容中隐含的"守恒"等跨学科概念、认识方式、研究方法等隐性知识，发展学生的"运动和相互作用"的大观念。这些知识将为学生终身发展、应对现代和未来社会发展的挑战打下基础。通过创设"反冲现象"等大情境，引导学生深度学习，伴随着学生的认识发展，逐渐形成解决问题的一般化大思路。

单元内容分析：

课程标准对本单元的教学要求主要包括：理解冲量和动量；理解动量定理和动量守恒定律，能用其解释生产生活中的有关现象；知道动量守恒定律的普适性；知道火箭的发射利用了反冲现象；体会守恒定律分析物理问题的方法，体会自然界的和谐和统一。

整合本单元知识，梳理出围绕大概念——动量守恒定律的知识结构图，如图所示。

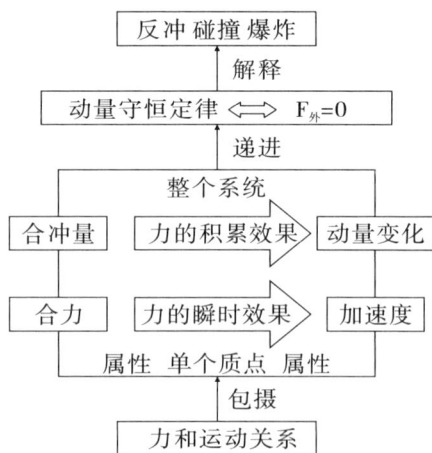

反冲 碰撞 爆炸
↑ 解释
动量守恒定律 ⟺ $F_{外}=0$
递进
整个系统
合冲量 ← 力的积累效果 → 动量变化
合力 ← 力的瞬时效果 → 加速度
属性 单个质点 属性
↑ 包摄
力和运动关系

本单元的一个重点内容是描述系统的动量守恒定律及其应用，在本单元的教学内容中，蕴含了模型建构、推理论证等丰富的学科素养和科学方法。

单元学情分析：

按照物理核心素养的维度，本单元的学情分析如下。

物理观念：学生之前学过了牛顿运动定律和运动学公式，为本单元的学习打下了坚实的基础。已学过的解决力学问题的一般思路"确定研究对象，受力分析，运动分析，列物理规律方程等"仍然适用。本节内容是本单元的最后一节，学生已经知道了动量守恒定律，但仍需要进一步强化该规律的应用。

科学思维：在教学中借助演示实验和学生实验等加强教学的直观性和形象性，以便于学生理解。让学生应用动量守恒定律等本单元的知识，解释与日常生活、生产有关的现象，促进学生逐步由形象思维到抽象思维的过渡。

科学探究：学生已经具有设计方案、实验操作、记录数据、分析数据和获得结论的意识，但是对实验的动手能力等还需着力培养。

科学态度与责任：学生具有一定的学习物理的兴趣，知道物理研究应实事求是，还应注重培养学生理论联系实际的态度等。

单元教学目标：

（1）理解冲量和动量。具体包括：创设情境引导学生经历冲量和动量概念的形成过程；学生能够通过理论推导和实验探究，推导出动量定理和动量守恒定律，并能用其解释生产、生活中的有关现象；通过制作水火箭等，让学生知道火箭的发射利用了反冲现象；通过收集资料，了解中子的发现过程，讨论动量守恒定律在其中的作用，认识动量守恒定律的普适性。

（2）通过实验，了解弹性碰撞和非弹性碰撞的特点。具体包括：定量分析一维碰撞问题，解释生产生活中的弹性碰撞和非弹性碰撞现象，例如让学生观察台球碰撞前后的运动情况，尝试用动量知识定性解释。查阅资料，了解太空中物体的碰撞和微观粒子的碰撞等相关信息。

（3）体会用守恒定律分析物理问题的方法，体会自然界的和谐与统一。具体包括：学生能将动量守恒定律，与学过的机械能守恒定律和能量守恒定律联系起来，通过运用这些规律分析和解决实际问题，进一步发展"守恒""系统""能量"的观念，初步形成用物理学理论描述的自然界具有和谐与统一的整体图景。

单元核心问题：

本单元的核心概念是动量守恒定律，它是自然界中最普遍的规律之一，整章教学思路围绕动量守恒定律展开，引导学生通过探究相互作用过程中的守恒量进一步发展学生运动与相互作用的观念和能量概念，使其了解物理规律具有使用范围和条件。其中本节的教学重点需要突出的是火箭的应用利用了反冲现象，难点是火箭喷气后火箭的增加速度计算。

主要教学活动设计：

学习任务一：知道反冲现象

教学环节与教学内容		教师活动	学生活动	设计意图
创设情境 提出问题	让学生观看炮弹从枪身发射时的运动情况	利用图片展示，让学生观察图片后回答问题。提出问题：请问炮弹和枪身运动特点？	学生回答：两个物体朝相反的方向运动	利用多媒体展示常见反冲现象
	教师进行演示实验展示，双氧水制氧气实验	介绍实验装置，小车上端固定试管，试管内部添加一定量浓度的双氧水，利用二氧化锰和双氧水反应使橡胶塞喷出，让学生观察实验现象。提出问题：请问实验时，小车和橡胶塞的运动特点？	学生回答：橡胶塞朝前喷出，小车朝后运动	通过化学和物理的融合展示反冲现象

续表

教学环节与教学内容	教师活动	学生活动	设计意图
创设情境 提出问题	学生进行打气球活动,利用打气筒打气,然后释放气球,观察气球运动情况	教师发动指令:数1、2、3,同时释放气球,并观察运动特点	两人为一组,利用打气筒对气球打气后,然后在老师口令下释放气球,并回答:气球和喷气方向相反	通过大家熟悉的气球了解反冲现象
概念归纳	通过图片、展示实验以及学生活动总结归纳反冲现象的定义	提出问题:请同学具体解释一下什么是反冲现象?研究对象是谁?运动情况的变化是什么?在什么作用下发生反冲?	学生回答:如果一个静止的物体在内力的作用下分裂为两个部分,一部分向某个方向运动,另一部分必然向相反的方向运动的现象叫反冲运动;研究对象是系统;运动从静止到分离,反向运动;在内力的作用下	通过学生总结归纳,加强学生对新的知识点的理解

学习任务二:总结反冲现象特点

教学环节与教学内容	教师活动	学生活动	设计意图
创设情境 提出问题	拍摄校园中的反冲现象	提出问题:我们身边有什么常见的反冲现象?比如校园内?	学生回答:喷淋灌溉装置	利用多媒体展示常见反冲现象
	教师进行演示实验展示,简易自制喷灌装置	介绍实验装置,水瓶中的水由水泵引流到水瓶中,水平下端由两根对折吸管。教师活动:将实验安装好后,开始实验,请同学们观察并回答:水瓶的运动情况以及原因	学生回答:水瓶旋转起来,因为流出的水和吸管反冲从而带动水瓶旋转	通过简易装置实现反冲现象,并对生活现象进行说明

续表

教学环节与教学内容	教师活动	学生活动	设计意图
学生上台完成双人互推小游戏	游戏规则：两位同学站在小车上，双手相对，相互靠近，之后在手的推力作用下发生分离。 教师发动指令：数1、2、3，同时推开，并观察两位同学运动特点。 重的同学运动慢，轻的同学运动快，这是什么原因？	参与学生上台展示，台下学生观察现象	通过生活情境让同学们思考现象特点，学习反冲规律的特点
总结归纳	学生分成小组讨论，总结反冲的特点	提出问题：反冲现象有什么特点	学生回答：(1)物体的不同部分在内力作用下向相反方向运动；(2)反冲运动中，当系统不受外力或内力远大于外力，遵循动量守恒定律或在某一方向上动量守恒；(3)反冲运动中，由于有其他形式的能转化为机械能，所以系统的机械能增加	通过学生总结归纳，体会动量守恒的普适性

学习任务三：建立火箭模型，理论推导

教学环节与教学内容	教师活动	学生活动	设计意图
展示古代火箭和现代火箭	古人利用四大发明制作了火箭，而火箭就是利用反冲的原理。让学生感受古代火箭和现代火箭的区别	学生思考并感受现代社会科学的发展	利用多媒体展示图片让学生体会科学进步

续表

教学环节与教学内容	教师活动	学生活动	设计意图
创设情境 提出问题 思考教材上的问题 例：质量为 m 的人在远离任何星体的太空中，与他旁边的飞船相对静止，由于没有力的作用，他与飞船总保持相对静止状态．这个人手中拿着一个质量为 Δm 的小物体，现在他以相对于飞船为 u 的速度把小物体抛出。 （1）小物体的动量改变量是多少？ $\Delta m \cdot n$ （2）人的动量改变量是多少？ $-\Delta m \cdot n$ （3）人的速度改变量是多少？ $\dfrac{-\Delta m \cdot n}{m}u$	回答书上提出的问题。 选择相对静止的火箭为参考系，确定正方向，利用动量守恒定律计算出人的速度改变量	学生回答： 小物体的动量改变量是；人的动量改变量是 Δmu；人的速度改变量是 $\Delta m/m$	通过教材创设的情境为解决火箭喷气打好铺垫
思考火箭喷气速度增加的影响因素。 创建情境： 设火箭飞行时在极短的时间内喷射燃气的质量是 Δm，喷出的燃气相对喷气前火箭的速度是 u，喷出燃气后火箭的质量是 m，计算火箭在这样喷气后增加的速度 Δv	教师提问：火箭飞行时和思考题中的航天员一样，也是利用向某一个方向喷气使得自身速度增加，请问火箭增加的速度和什么因素有关？	学生根据书上情境，利用动量守恒定律计算，得出影响火箭速度增加的因素由质量比和燃气速度有关	利用动量守恒定律解决火箭飞行问题

学习任务四：参与水火箭活动，感受航空发展

教学环节与教学内容	教师活动	学生活动	设计意图
创设情境 提出问题 展示航空航天成就 	带领学生感受中国航空航天发展速度	学生思考并感受现代社会科学的发展	利用中国科技进步增强学生的科学态度与责任，加强物理课堂的爱国主义教育

续表

教学环节与教学内容		教师活动	学生活动	设计意图
创设情境 提出问题	利用自制水火箭感受火箭发射过程 	请学生上台实验，让学生课下自制水火箭	学生动手进行实验	利用课堂实验加强学生的科学探究精神
	自主探索：如何成为一名火箭设计师？需要哪些能力？	请学生上台实验分享自己的观点，并布置成作业	参与思考并分享	将所学与学生生涯融合，促进学生的生涯意识

板书设计：

```
                1.6 反冲现象火箭
1.反冲现象：如果一个静止的物体在内力的作用下分裂为两个部分，
一部分向某个方向运动，另一部分必然向相反的方向运动。
2.反冲现象的特点：
(1)反向运动   (2)遵循动量守恒定律   (3)机械能增加
3.火箭工作原理：反冲运动
火箭喷气后增加的速度影响因素：
(1)火箭喷出的燃气速度。
(2)火箭燃气的质量与火箭除燃料外的箭体质量之比。
4.反冲现象的防止与应用
```

单元学习效果教学反思：

学生物理学科核心素养发展状况，通过创设真实而有价值的问题情境，促进学生概念发展。以动量守恒定律作为知识载体，引领学生逐步形成研究和解决反冲现象的应用，发展了学生的物理学科核心素养，形成了相对完整的运动和相互作用的观念。为促进学生核心素养发展提供了可操作的路径和符合实际的教学策略。课程进一步挖掘教学内容中隐含的"守恒"等跨学科概念、认识方式、研究方法等隐性知识，发展学生的"运动和相互作用"的大观念。并将这些知识与中国航空结合，促进学生思考如何成为一名火箭设计师，需要哪些能力，帮助学生理解到当前的学习和自己的终身发展、应对现代和未来社会发展密不可分。

生涯一点通：

个人的生涯与国家的命运密不可分，高精尖领域更是各个国家竞争核心区。在动量学习的过程中，将所学与科技强国联系，引导学生思考如何成为一名火箭设计师，需要哪些能力，不仅有利于增强学生生涯发展意识，更有利于培养具有家国情怀的科技创新人才。

第5课 缺铁性贫血的诊断治疗

——化学学科生涯课例

殷艳辉　黎　敏

授课背景：

化学学科核心素养是化学学科育人价值的集中体现，是学生通过学科学习而逐步形成的正确价值观、必备品格和关键能力，而化学课程的学习内容和学习活动对于学科核心素养的形成和发展有着不可替代的重要作用，在现行"素养为本"的化学课堂教学中，不仅要重视化学基本知识和基本技能的教与学，发展学生科学探究能力，还要能够运用所学的"双基"以及科学过程和科学方法解决真实问题，培养正确的科学态度与社会责任感。生涯教育融入化学课堂教学，是普通高中课程改革和新高考改革提出的新要求，不仅仅是为了学生的选科、选考和职业规划，更重要的是希望学生通过向内看、向外探，学会思考未来，成为一个积极主动的学习者和敢于承担责任的社会公民，《普通高中化学课程标准（2017年版2020年修订）》中必修课程"主题5：化学与社会发展"的"情境素材建议"提到"与化学有关的职业及其与化学科学领域的关系"，在"学业要求"中也提到"能举例说明与化学有关的职业，简单分析这些职业与化学科学的关系"；在新的化学教材中也新增了"化学与职业"栏目，介绍了化学科研工作者、水质检验员、测试工程师等职业。因此，在化学学科中融入生涯教育是新时代的要求，同时具有深远的意义。

本节课围绕医学中的"缺铁性贫血"设计，呈现了医生对于缺铁性贫血病人从检查、诊断到治疗的全过程，同时在其中穿插介绍了与化学相关的专业和职业，如：医学专业、药学专业、医生、临床营养师、食品检测员，突出了化学与生产生活的紧密联系，引导学生树立正确的生涯价值观。同时通过真实、具体的问题情境，注重转变学生的学习方式，引导学生积极主动开展建构学习、合作探究学习和问题解决学习，为化学学科核心素养的形成、发展和展示提供了平台。

学情分析：

本节课是在学习了人教版新教材必修一第 3 章第 1 节"铁的单质、氧化物和氢氧化物"后实施。在学习本课之前，学生已经具备了金属的部分认识思路和认识方法、一定的铁元素的基础知识；了解了含有不同价态的同种元素的物质能通过氧化还原反应相互转化；了解物质的类别通性，能依据物质类别进行分类和对物质进行性质预测；知道了常见的氧化剂和还原剂；认识酸、碱、盐在溶液中能发生电离；知道实验探究的基本步骤；等等，但是学生将知识迁移到陌生情境中的应用机会、自主设计实验方案进行探究的机会比较少，新教材"化学与职业"栏目关于化学相关职业介绍数量和内容有限，因此设计本课以培养学生实验探究能力、生涯价值观，发展学生化学学科素养和生涯适应力。

教学目标：

1. 通过生活中的真实情境——医生对于缺铁性贫血病人的诊断治疗过程，丰富对于铁元素的认识，体会化学与生产生活的紧密联系和化学对社会发展的价值。

2. 通过实验探究铁盐与亚铁盐的转化，能从物质类别和元素价态变化的视角说明物质的转化路径，能依据氧化还原反应预测物质的化学性质和变化，设计实验进行初步验证，并能分析解释有关的实验现象。

3. 通过小组合作、实验探究、成果汇报、教师点评环节，培养学生团队合作意识、创新精神以及实验探究设计、语言表达、逻辑思维等综合能力。

4. 通过体验医生、营养师、食品检测员的工作内容，加深对化学相关职业和专业的了解，通过了解中国医生在抗疫期间的贡献，感受中国精神、中国力量、中国效率，树立正确的价值观，增强社会责任感。

教学重点、难点：

重点：铁离子与亚铁离子的检验、铁盐与亚铁盐的转化、与化学相关的专业和职业的初步认识。

难点：灵活运用氧化还原知识、价态转化知识设计实验探究铁离子与亚铁离子的的检验与转化。

整体思路：

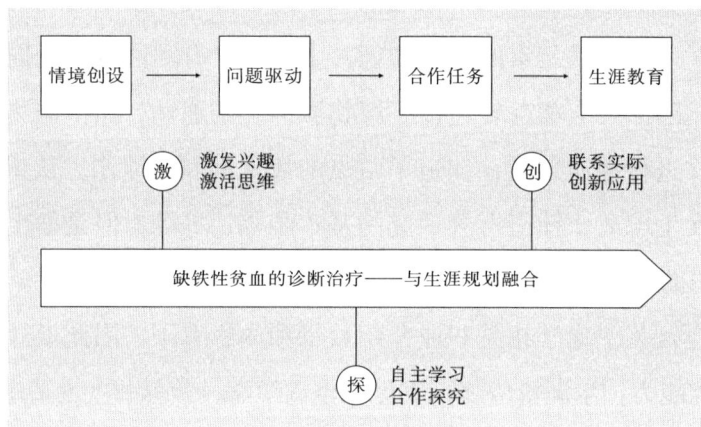

教学过程：

教学过程

环节	教学活动	设计意图
课前准备	1.观看真实情境视频——湘雅医院中医生与缺铁性贫血病人面诊记录，从面诊对话中收集有关缺铁性贫血的相关信息，对缺铁性贫血病症形成初步认识； 2.查阅相关资料，小组讨论交流，进一步了解缺铁性贫血的概念、病因、临床表现、诊断、治疗等等； 3.自主查找资料，小组成员分工合作寻找生活中富含铁的食物，模拟营养师试着为缺铁病人制作营养膳食表	【学科教学】 创设化学与生活的真实情境，建立知识获得的背景，通过合作学习、自主探究等活动，为课堂知识的建构做好铺垫 【生涯规划】 了解医生、营养师等职业的部分工作内容，感受职业应具备的专业知识基础和能力要求

续表

环节	教学活动	设计意图
激发兴趣 激活思维 ("激")	【导入】全球"缺铁危机" 铁缺乏是世界最普遍的微量元素缺乏症。缺铁性贫血是由于体内储铁不足和食物缺铁，致使血红蛋白合成不足的一种贫血。"铁缺乏"被列为全球十大可预防的健康危险因素之一	【学科教学】 从全球缺铁危机引入，鼓励学生关注国际时事，拓展全球视野，引起学生关注铁元素与人体、生活的联系，通过情境创设，引出接下来一系列的化学学习任务 【生涯规划】 认识到人体健康与化学密切相关
自主学习 合作探究 ("探")	【情境创设】 1.呈现病人的血常规、铁代谢检查单图片，给予学生血常规中 HCT、MCV、MCH 和铁代谢中血铁清、总铁结合力的缺铁性贫血诊断标准，从而帮助学生从检查单中判断这位病人的病症为缺铁性贫血； 2.呈现医生的手写诊断记录，验证学生的判断，并对检查单中的数据做出诊断结论	【学科教学】 创设关于缺铁性贫血的真实情境，呈现医院中病人的检查单，学生能够根据给定的诊断标准，从检查单中获取信息，通过比对、分析进行诊断，发展学生的科学素养，同时将学生带入医生的角色中，不仅能激趣、激疑、激思，还能够引出下面有关铁元素知识的学习，为化学学科核心素养的形成和发展搭建平台，为素养的展示提供机会 【生涯规划】 了解医生的诊断过程，对医生的工作内容有了初步认识
	【合作任务一】小组讨论，汇报成果 1.提出问题：什么是缺铁性贫血，有什么病状？缺铁性贫血的原因，高发人群？ 2.学生汇报成果，教师进行评价； 3.知识链接：运输氧的过程中，血液中血红蛋白铁元素的价态变化；食物中的血红素铁和非血红素铁；高铁血红蛋白血症； 4.教师引导：如何检验溶液中的二价铁离子和三价铁离子，它们如何进行相互转化？提供各种试剂，学生选择合适试剂并设计实验进行探究； 5.学生实验：二价铁离子和三价铁离子的验证和转化； 6.任务小结	【学科教学】 以问题为驱动，创设多样化的化学课活动，包括调查类活动、交流类活动、实验类活动，学生不仅能开展科学调查、科学实验，还能够进行比较、分类、推理、预测、假设、分析、解释、说明、设计、评价科学思维活动，发展学生的高阶思维能力，认识到化学与生活的联系，发展"证据推理与模型认知"、"科学探究与创新意识""科学态度与社会责任"的化学学科核心素养；基于价类视角认识铁的化合物，发展学生基于价类二维的元素观，并能够预测物质的化学性质和变化，设计实验进行验证，分析和解释实验现象 【生涯规划】 通过回答医学相关的问题，学生获得了缺铁性贫血中关于铁元素价态变化的知识，感受医学专业知识与化学学科知识的联系，对医学专业和医生职业有了进一步的了解

续表

环节	教学活动	设计意图
基于实际引发思考（"实"）	【合作任务二】集思广益，知识迁移 1.任务情境：呈现医嘱及药物说明书； 2.提出问题：如何预防和治疗缺铁性贫血？ 3.学生汇报成果，教师进行评价； 4.情境呈现：展示国家批准补铁剂的图片或实物，如琥珀酸亚铁、硫酸亚铁、富马酸亚铁等； 5.启发思考：为什么盐类更适合作补铁剂？铁的盐类物质中哪类更适合做补铁剂？Fe^{2+} 易被氧化为 Fe^{3+}，如何避免？为什么同服维生素 C 效果更佳？ 6.实验验证：氯化铁溶液中加入硫氰化钾后，再加入维生素 C 片，观察实验现象； 7.任务小结	【学科教学】 创设迁移化的学习情境，激发学生的学习积极性，将亚铁盐和铁盐的性质及相互转化的知识运用于解决实际生产生活中的问题，巩固了基于物质种类和元素价态两个重要的化学认识视角解释陌生情境下的化学问题，通过关联已知和未知，推断预测设计、实验方案，说明假设与证据之间的关系，检验假设，发展了学生化学高阶思维能力，促进化学学科核心素养的落实 【生涯规划】 了解医生如何根据检查和诊断提出治疗方案，认识化学对生命科学（如生物医药研制）的学科发展起着重要作用
	【合作任务三】职场模拟，出谋划策 1.呈现任务情境——作为一位临床营养师，请你帮助一名缺铁性贫血的病人设计合理的营养食谱； 2.学生汇报成果，教师进行评价； 3.播放电影《中国医生》片段，向最美逆行者、生命守护者们致敬；介绍大学中的医学专业	【学科教学】 结合不同学科的知识，开展跨学科活动，增强课堂学习的趣味性。体现化学学科的育人价值，通过对学生化学知识的传授，化学科学论里、科学精神与人文精神的熏陶，形成公民基本的科学素养和社会责任 【生涯规划】 由临床营养师和防控疫情期间医生的工作，体会未来医生的职业价值，树立职业榜样，为学生未来的专业选择提供帮助

续表

环节	教学活动	设计意图
联系实际 创新应用 （"创"）	【实践任务】含铁食物中铁元素的定性和定量测量 1.呈现情境——假如你是食品检测中心的一名检测人员，将要参加科学探秘节目，解决公众"吃菠菜真的可以补铁吗"的疑问，你要如何对菠菜中的铁元素进行检验和含量测定呢； 2.课后活动：小组合作，结合所学知识，搜集资料，设计实验对菠菜中的铁元素进行检验和含量测定，以小组为单位提交实验方案，经老师审核通过后进行实验，记录实验结果并提交实验报告	【学科教学】 以菠菜中铁元素为研究对象，以真实的问题情境为导向，激活已有知识，将知识迁移到新情境、新问题中，通过预测、检验、证据推理、建构模型等高水平探究活动，促进知识向能力和素养的转化 【生涯规划】 将化学知识运用于食品检测行业中，使学生了解化学与生产生活的联系和食品检测人员需要具备的化学专业知识与素养

板书设计：

缺铁性贫血的诊断治疗

任务一：说说你对缺铁性贫血的了解
实验探究：铁离子与亚铁离子的转化

$$Fe^{2+} \underset{\text{还原剂}}{\overset{\text{氧化剂}}{\rightleftharpoons}} Fe^{3+}$$

任务二：如何预防和治疗缺铁性贫血？
实验探究：亚铁盐与维生素C的反应

任务三：设计营养食谱

任务四：含铁食物中铁元素的定性和定量测量

教学反思：

（一）本案例的主要特点

1.创设整体教学情境，"一境到底"解决真实问题；

2.融合生涯规划教育，"开窗动心"促进学生发展。

（二）本案例的优化方向

1.进一步挖掘素材，结合高中化学教材内容进行项目式单元整体教学设计；

2.进一步增加实践环节，如组织学生走访医院、高校中的医学院，与医护人员、医学教授进行深入交流等。

生涯一点通：

与现实情境结合的生涯才是有意义的，课例中通过创设情境——假如你是食品检测中心的一名检测人员，将要参加科学探秘节目，你要如何对菠菜中的铁元素进行检验和含量测定呢？以真实的问题情境为导向，激活已有知识，将知识迁移到新情境、新问题中，通过预测、检验、证据推理、建构模型等高水平探究活动，促进知识向能力和素养的转化。帮助学生将所学应用于生活，促进学科和职业生涯的融合。

第6课 插柳村的有机莲

——生物学科生涯课例

向 阳

授课背景：

生物学学科核心素养是生物学科育人价值的集中体现，《普通高中生物学课程标准》中特别指出，高中生物学学科核心素养是学生在生物学课程学习过程中逐渐发展起来的，在解决真实情境中的实际问题时所表现出来的价值观、必备品格与关键能力，是学生知识、能力、情感态度与价值观的综合体现。生物学学科核心素养的培养应贯穿于教材编写、课堂教学及考试评价中。在新高考选课走班的背景下，高中阶段生涯规划教育已经成为重要趋势，其中学科教学与生涯规划相融合是重要途径之一。农业是生物学相关的重要就业方向，国家农业现代化的发展也需要大量的高素质人才。

本课课题中的插柳村是湖南师范大学定点扶贫村，在湖南师大的帮扶下，插柳村仅用三年多的时间就从国家级贫困村变成了省级示范村。其中湖南师大附中也作为扶贫重要力量，帮助苏知平和苏进雄两户成功脱贫。经深入了解，插柳村正是选择了自然和经济和谐发展的"生态发展之路"，村中500亩太空莲和合方鲫鱼共养的基地是落实乡村振兴战略中"生态宜居"方针的典型。

本节课将插柳村作为整体情境，深入挖掘当地与高中生物教材相关的各种具体情境，设计一系列合作探究任务，以"有机莲"为明线，采用"激—探—创"的教学模式，将生物学科内容与职业生涯规划进行有机融合。教学设计中探究活动的设计建立在跟插柳村扶贫队长的反复深入沟通和大量查阅莲藕育种等相关科学研究文献的基础之上，尽力保证真实性和科学性。大部分同学缺乏对相关职业真实工作内容和环境的体验，并且普遍对农业相关职业存有偏见。

学情分析：

本节课在学完选择性必修 2 第 3 章《生态系统及其稳定性》之后实施。在学习本课之前，学生已经具备一定的遗传学基础知识，了解杂交育种、诱变育种、基因工程育种等多种育种方式，能够对生态系统进行结构、物质和能量、稳定性等角度的分析，在教材上对生物学相关职业的介绍有一定的了解，但是大部分同学缺乏对相关职业真实工作内容和环境的体验，并且普遍对农业相关职业存有偏见。但是农业是生物学相关的重要就业方向，国家农业现代化的发展也需要大量的高素质人才。

教学目标：

1. 能够在插柳村的真实情境中，围绕品种选育、荷塘产量下降等现实问题，通过小组讨论，灵活运用遗传学、生态学相关知识，从物质与能量、结构与功能、稳态与平衡视角提出解决问题的方案；

2. 在思考解决实际问题的过程中，通过职业介绍、模拟体验等方式，增加对育种工程师、农业技术员、农产品销售人员等农业相关职业的了解，激发职业规划意识；

3. 通过深入了解插柳村成功脱贫的经历，认同生物学知识在乡村振兴、精准扶贫和粮食安全等国家战略上具有重要作用。

教学重点、难点：

教学重点：灵活运用生物学知识，从物质与能量、结构与功能、稳态与平衡视角提出解决问题的方案；通过职业介绍、模拟体验等方式，增加对农业相关职业的了解，激发职业规划意识。

教学难点：灵活运用生物学知识，从物质与能量、结构与功能、稳态与平衡视角提出解决问题的方案。

整体思路：

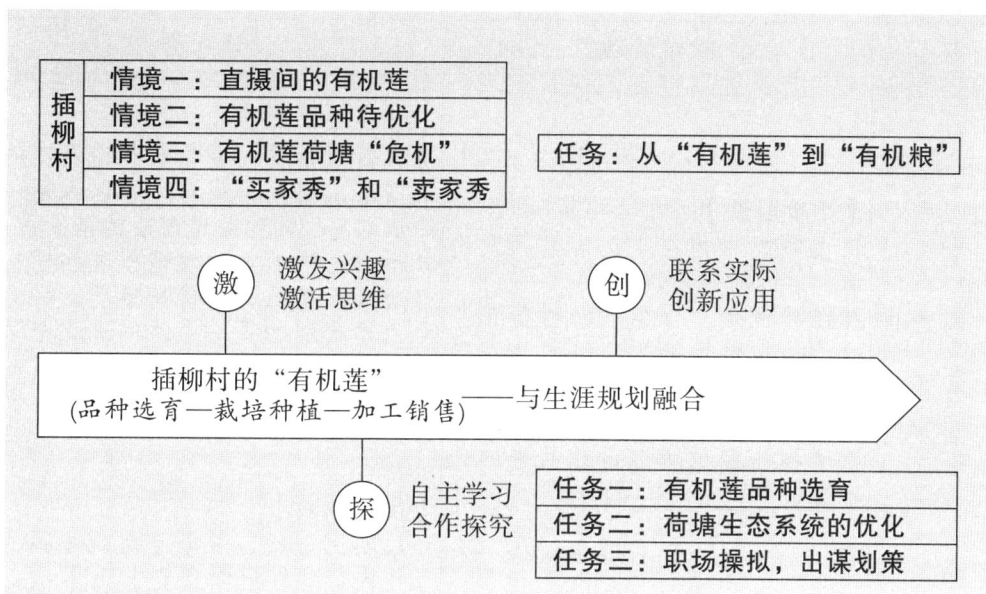

教学过程：

教学过程

环节	教学活动	设计意图
课前准备	1.实地考察，与插柳村扶贫队长深入沟通，了解插柳村"生态发展"的具体情况，充分挖掘与高中生物学学习内容相关的素材； 2.查阅荷花育种、生态系统优化策略相关文献资料； 3.安排兴趣小组的同学针对消费者关于产品品质的质疑，了解有机莲加工销售背景，为现场职场模拟做好汇报准备	【学科教学】 创设科研与生产生活的真实情境，解决真实问题，尽力确保真实性和科学性 【生涯规划】 增加学生实践体验机会
激发兴趣激活思维（"激"）	【导入】 直接呈现有机莲子的实物和插柳村农产品直播会的场景，介绍湖南师大附中老师们在直播间抢购莲子的情形	【学科教学】 选择从农产品直播会导入，既能引起学生对"有机莲"的关注，激发学习兴趣，也能通过主播的介绍，把有机莲的主要特点呈现出来，为后面的学习任务做好铺垫 【生涯规划】 学生熟悉的职业——直播间主播在农产品销售中也能发挥重要作用

续表

环节	教学活动	设计意图
自主学习合作探究（"探"）	【情境创设】 1.呈现插柳村在生态规划师改造前、后的对比情况； 2.播放视频，介绍插柳村荷花基地给插柳村带来的经济和生态效益； 3.请同学分析生态规划师的改造原理和插柳村所选荷花品种的优良性状	【学科教学】 呈现荷塘景观，进一步制造真实的氛围感，增加学生对"学以致用"的认同感；呈现改造前后的差别图，分析生态规划师的改造原理和插柳村所选荷花品种的优良性状，一方面为学生增加了一个运用进化与适应和生态学知识来解决现实问题的真实案例，另一方面对荷花进行优良性状的分析，为下一个环节做好铺垫 【生涯规划】 通过实例分析，了解生态规划师的工作内容和知识储备要求
	【合作任务一】合作探究，优化品种 1.呈现任务情境——插柳村的荷花有很多优良性状，但是仍有优化空间； 2.小组合作，利用现有素材，选择合适的育种方法，达到优化目的； 3.呈现荷花育种的真实科研成果； 4.以水稻育种、茄子育种为例介绍育种工程师	【学科教学】 综合运用高中生物所学的遗传学知识解决荷花品种待优化的实际问题 【生涯规划】 通过实例分析和解决问题、真实科研成果的呈现，体验育种工程师的工作内容；通过袁隆平院士及茄子育种工程师的介绍，进行生涯规划引导
	【合作任务二】集思广益，优化荷塘 1.呈现任务情境——为了达到"有机"标准，禁止使用农药等，部分荷塘出现杂草、虫害等导致产量下降的危机； 2.小组合作，思考如何优化荷塘； 3.小结荷塘优化方向； 4.视频呈现湖南卫视对插柳村的现实报道——荷鱼共生	【学科教学】 运用高中生物所学的生态学知识解决荷塘生态系统待优化的实际问题；通过视频呈现师大附中优秀校友刘少军院士研究的合方鲫鱼与插柳村太空莲的"荷鱼共生"实践基地，直接验证同学们所提的优化荷塘策略的可行性 【生涯规划】 视频资料的呈现，可以鼓励学生以优秀校友为典范，做好人生规划

续表

环节	教学活动	设计意图
	【合作任务三】职场模拟，出谋划策 1.呈现任务情境——消费者收到莲子后，对品质质疑，呈现图片，到底是不是虫咬的？ 2.兴趣小组同学模拟插柳村的销售团队，现场"答消费者问"，征集同学们对有机莲子产品的优化建议； 3.整体回顾"一包莲子的诞生"，体味科学技术的发展和人才队伍的壮大，对乡村振兴乃至国家发展的重要意义； 4.介绍湖南师大附中精准帮扶插柳村的背景	【学科教学】 运用高中生物所学知识，为产品的加工、检测、储存等出谋划策 【生涯规划】 模拟插柳村的销售团队，直面消费者对品质的质疑，在准备汇报的过程中，小组合作，与插柳村直接沟通，了解真实背景，加强与社会的联系。渗透家国情怀教育，为国家发展而发奋学习，对生涯规划进行高位长线引领，符合核心素养中正确的价值观的培养目标
联系实际 创新应用 （"创"）	【任务】"有机莲"到"有机粮" 1.呈现情境——习近平主席说"中国人的饭碗要牢牢端在自己的手上"，插柳村不能只有花，没有粮； 2.课后任务：小组合作，结合所学知识，从品种选育、稻田设计、栽培种植、收获加工、粮食储存、销售和产品开发等方面，为插柳村提出书面建议	【学科教学】 综合运用本课所学知识，迁移应用 【生涯规划】 在本节课的基础上，进一步为插柳村的发展贡献智慧，促进学生对精准扶贫、乡村振兴等国家战略的真正认同

板书设计：

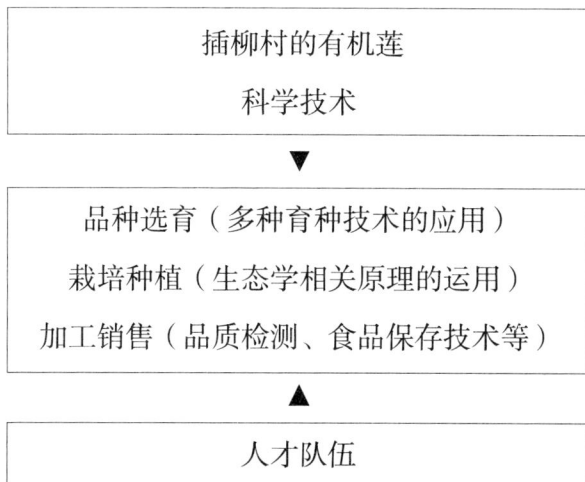

教学反思：

（一）本案例的主要特点

1. 创设整体教学情境，"一境到底"解决真实问题；

2. 融合生涯规划教育，"开窗动心"促进学生发展。

（二）本案例的优化方向

1. 进一步挖掘素材，结合高中生物教材内容进行单元教学整体设计；

2. 进一步增加实践环节，如组织学生进行实地调研，开展插柳村农村研学实践活动等。

生涯一点通：

个人生涯往往与国家政策、时代背景密不可分，案例中巧妙地引导学生思考生物技术与精准扶贫、乡村振兴等国家战略相结合，让学生看到所学应用于生活，促进其理解学科的价值的同时，也增加了学生将自己的生涯与国家战略结合的可能性。

第 7 课 评历史人物 悟生涯发展

——历史学科生涯课例

周育苗

学情分析:

1.高中生对历史人物的评价有一定的接触,但历史解释的能力还有待加强。

2.评说历史人物是初高中历史课堂中重要内容,但鲜少从历史人物生涯发展的角度挖掘其教育价值。本课对学生来说,是一种新的体验。

3.我校心理课程已涉及生涯发展相关的内容,学生对生涯发展有一定的认识,但缺乏主动进行生涯规划的意识,同时更多关注"外职业生涯",即升学目标、工作选择等;往往忽略"内职业生涯",即从事一项职业所需的知识、观念、心理素质、经验、能力、内心感受等。

教学目标:

1.整体了解历史人物曾国藩的生平事迹。

2.学会正确评价历史人物的方法,培养学生历史解释的核心素养。

3.能够结合历史人物评价进行自主生涯建构。以曾国藩为例,通过历史教学与生涯发展的融合,挖掘历史教学中内在的教育价值,发挥历史课程立德树人的教育功能。通过挖掘曾国藩,实现"他我"和"本我"之间的有机联系,能够促使学生从身边的优秀传统文化中汲取精神内涵,关注自我成长,增进文化自信。

教学重难点:

教学重点:评价历史人物的方法;从历史人物的评说中挖掘生涯发展的价值。

教学难点：如何挖掘传统文化的现实价值，构建历史人物（他人）和学生（自我）间的有机联系，激发学生生涯发展意识。

教学过程：

课前准备

老师向学生发放《关于曾国藩的问卷调查》，以便整体了解学情。发放《曾国藩年谱》，以便学生整体了解曾国藩生平事迹。

七嘴八舌

同学们，我们今天要评说的这位历史人物，他是晚清历史上备受关注的风云人物之一。他就是——（生：曾国藩）。课前老师在咱班做了关于曾国藩的问卷调查。如果要用一句话介绍曾国藩，你会怎么介绍呢？

生：他是湖南人（籍贯），他是晚清名臣（职业），他是男人（性别），他是湖湘文化的传承人（治学），他是洋务派（实践活动），他是卫道夫（评价），他活了62岁（生命的长度）……（注意：教师需要随时梳理学生的角度）

（设计意图：通过七嘴八舌介绍曾国藩，既是对本课的预热，也是让学生粗略地了解曾国藩，为接下来的学习做铺垫。）

过渡：可见同学们对曾国藩有了一定程度的了解。那么我们今天主要探讨三大问题：了解曾国藩、评价曾国藩、对话曾国藩。（板书）

第一版块：了解曾国藩

【自主探究】

思考1：请结合《曾国藩大事年表》，概括曾国藩生平发展的阶段性。（生：略）

教师分享自己的划分：曾国藩生于1811年，卒于1872年，一生经历62载。我们可将其人生分为四个阶段：第一阶段（1811—1839历时28年）：艰苦立学，先后中秀才、举人、进士。第二阶段（1839—1852历时15年）：太平京官，历任内阁学士、礼部侍郎、兵部右侍郎，从七品到从二品；第三阶段（1853—1864

历时 12 年）：湘军首领；第四阶段（1864—1872 历时 7 年）：在直隶、两江总督任上老去。概括起来就是求学和职业生涯发展阶段。

整体来看，曾国藩生涯发展的黄金时期和重要转折点是哪个阶段呀？（生：略）我们认为大致是第三阶段，他从一介文人变为军事统帅，成为全国瞩目的人物。这时候曾国藩大概多少岁呀？（生：略）四十到五十多岁，可见他是一位典型的——（生：大器晚成式的人物）这个词用得很好！

同学们，我们现在处于哪个阶段呀？（生：求学阶段）我们现在处于求学阶段，你以后也会有事业的初期、巅峰和消退。这其实是一个很复杂的过程。我们看到的曾国藩平步青云，是不是很辉煌，很高光？但其实并不顺畅，反而经历苦难。他一身多病、两度丁忧、两失兄弟、三次自杀、友逝敌增、几大恶名。用他自己的话来说："少年经不得顺境，中年经不得闲境，老年经不得逆境。"他人生的最低谷时期正是其担任湘军首领时的三次自杀，每一次都是致命打击，但他从不放弃，越挫越勇，也最终成就其辉煌。他自己晚年能够说出这些话，当然也是一种经历过的释然。我们换个角度想一想。人生遇到各种困境，也不一定是坏事哦，对不对？

过渡：了解人物生平事迹是评价人物的基础，那么我们如何评价曾国藩呢？（板书）

（设计意图：曾国藩生平是复杂的，但也是有阶段性的。教师让学生概括曾国藩生平发展的阶段性，厘清曾国藩生涯发展的脉络。曾国藩生涯发展看似平步青云，实则有诸多挫折，让学生了解生涯发展的复杂性。同时重点提及两点：一是曾国藩人生的转折点是在四五十岁之时，是大器晚成的人物，实则让学生体会奋斗不分年龄；二是巅峰和低谷的并存，启示学生机遇与挑战并存，关键是如何化挑战为机遇。了解人物是评价人物的基础，本部分也是为第二版块做铺垫。）

第二版块：评价曾国藩

【合作探究】

要求：1.以班级小组为单位合作探究。第一、二组探究第一个问题，第三、四组探究第二个问题。2. 小组选一名代表总结发言。3. 探究讨论时间 3 分钟。

思考 2：材料中是如何评价曾国藩的？其评价的依据是什么？为什么会有不同的评价？

思考 3：结合材料和所学知识，你如何评价曾国藩？

材料

"削平逋寇，上慰先帝在天之灵，辅佐圣世中兴之业。"——何璟（江苏巡抚）

"为学研究义理"，"为文效法韩欧"。 ——李鸿章

"曾文正，于余有知己之感，而其识量能力，足以谋中国进化者也。"

——容闳（"近代留学生之父"）

"死三十年，其家人犹曰：吾祖民贼。悲夫！虽孝子慈孙，百世不能改也。"

——章太炎（民主革命家）

"愚意所谓本源者，倡学而已矣。惟学如基础，今人无学，故基础不厚，时惧倾圮。予于近人，独服曾文正。 ——毛泽东

"曾国藩的这个'事业'，使他成为百年来一切出卖民族的汉奸与屠杀人民的刽子手的开山祖。" ——范文澜（马克思主义史学家）

"他起兵的目的很明确，一是保卫明教，二是保卫地主阶级利益，三是保卫清朝。" ——姜铎（历史学家）

生：材料评价——有人认为曾国藩是"民贼""汉奸""刽子手""卫道士"，有人认为曾国藩是"中兴名臣""儒学传人""进化者""完人"等。（教师在黑板分褒贬板书）

史实依据：镇压太平天国运动、剿发捻、处理天津教案、洋务运动、治学修身等。

不同的评价原因：历史人物本身具有复杂性（阶段、不同方面的活动）；评价人所处的时代环境、阶级立场、评价的角度等不同。

我的评价：略（要学生总结出评价原则的关键词）

（学法指导）你看，人是复杂的、矛盾的、多元的，评价起来并不容易。但我们需坚持总的评价原则是：坚持唯物史观；坚持历史唯物主义和辩证唯物主义。具体而言：

第一，要史论结合，不能空下结论。先要叙述史实依据，然后得出结论，做到有理有据。（有一份材料说一份话）

第二，要把历史人物放到当时所处的时代大背景中去，不能以今天的标准苛求古人。同时需要注意人物的阶级属性。

有人说曾国藩是封建卫道士，有人说他是革新者。我们不能用我们现在的标准来看他的新或旧。正如钱穆曾经说过："对历史人物要存温情与敬意。在评价任何一个历史人物时，都要把他放到一定的历史范围内进行考察，即寻找该历史人物个人活动与当时社会历史条件之间的关系。要站在历史人物的时代去分析问题。"站在曾国藩所处的时代，我们能够理解他的选择和作为。曾国藩所处的时代，内忧外患，传统社会向近代社会转型。他在这样的时代之下作出了自己的选择。他改名"国藩"，意为他的目标是捍卫清朝，是忠臣，是守旧的。他想把中国恢复到传统的儒家世界，挽救清朝，但终究错付，清朝不能救国。这也是个人抱负与时代错位的悲哀。但是面临社会的新变局，他也没有故步自封，而是与时俱进，主动学习西方，开启洋务运动。应该来说，他是当时清廷官员和统治者中最新的人，因为他超越了自我，这本身在当时来说已经难能可贵。

马克思恩格斯曾说过："到目前为止的一切社会的历史都是阶级斗争的历史。"在评价历史人物时，不应停留在个人动机上面，而是要深入揭示其代表的阶级利益以及特定的民族关系的环境。因此，我们要正确看待曾国藩，但不能对他刻意拔高。他是地主阶级的代表人物，必然打上其阶级的印记。不论是镇压太平天国还是开展洋务运动，其根本目的是维护封建王朝，维护封建伦理道德。因此，其几大恶名的评价根源于此。也正是因为阶级立场的差异，评价也就有了差异。与他同阵营的人评价他是中兴名臣，站在对立阵营的人（农民阶级、资产阶级）说他是刽子手、卖国贼。

第三，要辩证地看待历史人物。坚持一分为二的原则，既有进步性，也有局限性。同一个问题不同角度地评价，同一个人不同阶段及不同方面地评价。譬如就方面而言，曾国藩在修身、为学、治家、处世、从政、治军等方面都有值得后人学习之处。

（设计意图：通过学生合作探究的方式，突破本课第一个重难点：如何评价历史人物。培养学生史料实证和历史解释等核心素养。评价历史人物仅完成了学科层面的任务，如何体现与生涯的融合？第一，要历史地评价人物，要理解人物在当时历史情境下人生的选择；要辩证地评价人物，历史人物在人生不同阶段及不同方面评价也会有差异。）

第三版块：对话曾国藩——从"他人"到"自我"的生涯建构

【时空对话】

整体来看，曾国藩这一生的发展，其实也是一介普通人奋斗发展的写照。有巅峰有低谷，有好评也有差评。就他自身而言，他在生涯发展过程中经历过哪些困惑？他是如何克服的呢？你生涯发展中的困惑点有哪些？如果你能和曾国藩对话，你想做哪些方面的交流？（板书）

老师通过课前的问卷调查，发现大家主要在修身、为学、治家、处世四个方面困惑比较集中。接下来我们一起和曾国藩来一场穿越时空的对话吧！

学生1：修身方面（如何修养身心）

困惑点：不坚定、不自信、不坚强、心浮气躁、不良嗜好等

大家看看曾国藩是怎么说怎么做的。（教师需要强调：曾国藩不能解决所有你的困惑，只能在某些方面做些参考，毕竟个体生命是复杂的。但是曾国藩从普通人变为圣人，其修身方面可以给我们一些启发）

曾经的我

"尔若不傲，更好全了。"　　——曾玉屏（祖父）
"尔要节欲、节劳、节饮食。"　　——曾麟书（父亲）

后来的我

"从前种种，譬如昨日死，以后种种，譬如今日生。"
"不为圣贤，便为禽兽。"
"莫言书生终龌龊，万一雌卵变蛟龙。"
"莫问收获，但问耕耘。"
"尽其在我听其在天。"
"除去牢骚培养和气。"
"生平长进全在受挫辱之时。"

　　　　——《曾国藩日记》《曾国藩家书》

日课十二条

主敬，整齐严束，无时不惧；无事时心在腔子里，应事时专一不杂，如日之升。

主静，每日不拘何时静坐半小时，体验静极生阳来复之仁心，正位凝命，如鼎之镇。

早起，黎明即起，醒后不沾恋。

读书不二，一书未点完，断不看他书，东看西阅，徒循外为人，每日以十页为率。

读史，廿三史每日十页，虽有事亦不间断。

日知其所亡，每日记茶余偶谈一则，分为德行门、学问门、经济门、艺术门，

写日记，须端楷，凡日间过恶（身过、心过、口过）皆需一一记出。

月无忘所能，每月作诗文数首。

谨言，刻刻留心，是工夫第一。

养气，气藏丹田，无不可对人言之事。

保身，谨遵大人手谕，节欲、节劳、节食欲。

作字，早饭后作字，凡笔墨应酬，皆当作功课，不可待明日，愈积愈难清。

夜不出门，旷功疲神，切戒切戒。

——《曾国藩日记》

曾国藩并非天生的圣人，而且个性缺陷明显。他年少时傲气十足，且不良嗜好多。老祖父曾说他"尔若不傲，更好全了"。父亲要他"三节"。

但曾国藩有告别过去的勇气。曾国藩乳名宽一，名子城，字伯涵。进入弱冠之年，曾国藩自己改号"涤生"，意为"从前种种，譬如昨日死；从后种种，譬如今日生"。同时立下大志："不为圣贤，便为禽兽。"曾国藩在得到翰林的地位后，又一次改名以立志，改为"国藩"，意为"成为国家之藩篱"。

曾国藩有着坚韧的意志，他人生其实有很多低谷。譬如在镇压太平天国运动中，因失败而三次欲自杀。每次都是致命的打击，但他从不放弃，越挫越勇，终于取得了最后的胜利。正如他自己所说"生平长进全在受挫辱之时"。

曾国藩不仅说，还要做，是传统知识分子自我修炼的典型，甚至到了近乎苛刻的程度。曾国藩之所以能有所作为，就在于他能不停地磨砺自己的意志。他给自己总结了修身十二条。他喜欢每天晚上点上一炷香，盘腿静坐。他每天通过写日记的方式进行自我反思。他从 27 岁开始直到临死前一天还在写，终其一生。他在日记中毫不避讳写下自己的缺点。他在日记中写道：他定下自己 6：00 起床，绝不 6：30 起床，否则是禽兽。他爱下棋，但又认为太浪费时间，决心要戒掉，如果没有戒掉，便是禽兽。他强调"慎独"状态，即有没有人一个样，

学习与修身的高度自觉。（我们不一定要静坐，每天写日记，但是保持心静，学会反思自我是可以学习的）

曾国藩立大志、重实践、勤反思，进行自我生涯建设，最终实现了自我超越。曾国藩的成长，就充分体现了这一生涯视角勾勒的生命发展规律。

学生2：为学方面（如何学习）

困惑点：学习态度（急功近利、怕苦畏难、坚持不下来、不会读书、不能落实于行动等）；学习方法（不知怎么提升等）。

大家看看曾国藩是怎么说怎么做的。（生：略）

我曾经也是"笨小孩"

"天生的蠢货，将来有出息，我给你背伞。"　　　　　——汪觉庵（老师）

"才略平平。"　　　　　　　　　　　　　　　　　——左宗棠（同僚）

但我

"用功譬如掘井。"

"猛火煮慢火温。"

"读书不要蛮读蛮记，贵于得间。"

"看书写作缺一不可。"

"文人不可无小抄小册。"

"四十岁仍可有大长进。"

　　　　　　　　　　　　　　　　——《曾国藩日记》《曾国藩家书》

可以说大家遇到的问题，曾国藩或多或少也遇到过。甚至比大家更苦恼。为什么呢？曾国藩并非天资聪颖，甚至可以说是"笨小孩儿"。其亲朋好友基本认可这个说法。1830年19岁，父亲都绝望了，将他送给朋友汪觉庵来教。一次汪老师指着曾国藩骂，"天生的蠢货，将来有出息，我给你背伞。"（后来，曾国藩功成名就回到老家，真的给老师送了一把伞）同僚左宗棠也评价其才略平平。

曾国藩如何扬长避短，实现自我发展的呢？曾国藩哪些话让你有所启发？（生：略）

其实学习主要是态度与方法问题。首先要有信心。什么时候学习都不迟，四十岁仍可有大长进。曾国藩就是大器晚成的典型，当然，不是让大家四十岁才努力，要从现在做起，从点滴做起。其次注意方法。用功、拼搏与不断积淀。高三高强度的学习就是一剂猛药，少年正是拼搏时，此时不搏何时搏！读书需坚持正确的方法，不要死记硬背，要学有所得，学有所获。要读写结合，我们文科生好记性不如烂笔头。同时字如其人，字要写好。（展示曾国藩书法）

学生3：齐家方面（如何与家人亲朋相处）

困惑点：和父母无法沟通、对父母不太尊敬、懒散、叛逆等。如何处理小家和大家的关系？曾国藩作为晚清重臣，是否振兴了他的家族？个人如何带动家庭发展？

大家看看曾国藩是怎么说怎么做的。（生：略）

我有八宝饭

"治家八字诀：书蔬鱼猪早扫考宝。"

"六分天生四分家教。"
"孝友之家可绵延十代八代。"
"家庭不可说厉害话。"
"勤苦为体谦逊为用。"
"由俭入奢易由奢反俭难。"

——《曾国藩日记》《曾国藩家书》

各位同学，我们在家庭中也扮演着不同的角色，你现在是儿女，以后会是父母等。家庭教育这一块伴随我们一生。

曾国藩治家有方，是治家教子成功的典范。他认为有优良家风很重要，"六分天生四分家教"，"孝友之家可绵延十代八代"。首先其治家理论强调"勤以持家，和以治家"，提出"八宝饭"家训，即治家的八字诀：家里人都得读书；要种菜，自己种；养鱼；养猪；早起床；扫地；祭祀祖先，要有敬畏；与邻里间亲戚间要和气。总的来说，要勤勉勤节俭，亲力亲为，即便功成名就也不能抛弃耕读的习惯；（故事1）一家人要和和气气的，中国人讲究和气生财，以和为贵。要需要孝敬父母、友爱家人，不要说伤害父母的话；最后，要严于治家，教育家人遵纪守法，时刻保持谦逊、低调。（故事2、3）

故事1：曾国藩要求自己的儿媳妇亲自下厨、纺纱织布。

故事2：教育家人遵纪守法。曾国藩担心家人借自己的势力在家乡为所欲为，故经常给其兄弟写信，进行教育和提醒。"日内思家运太隆，虚名太大，物极必衰，理有固然，为之惊皇无已。"他要求家人不要干涉衙门事务。当他听说叔父和弟弟曾国潢干涉地方公事后，立即写信加以制止。他的儿子来江宁看他，他提前在信中告诫兄弟俩："沿途州县有送迎者，除不受礼物酒席外，尔兄弟遇之，须有一种谦谨气象，勿恃其清介而生傲惰也。"

故事3：开缺九弟曾国荃。曾国荃是攻占天京的首要功臣，朝廷封他为太子少保，一等伯爵，浙江巡抚。但是，他锋芒太露，性格刚烈，加上其军纪废弛，天京城破后，其部下大肆烧杀掠抢，本人也捞足了油水，所以成为众矢之的。清廷对曾国荃最为担心，生怕他造反生事，希望他早离军营，又不去浙江。曾国藩最明白清廷的心思，所以奏请曾国荃因病开缺，回藉休养。

此外，优良的家风可以传承。曾国藩的治家理论影响了家人及后辈。正因为这样的家风，曾氏代代皆有英才。其兄弟都为湘军出生入死，弟曾国华在与太平军作战时战死三河镇，身首异处。弟曾国葆在军中感染瘟疫而死。弟曾葆荃攻破天津，立首功。后人曾纪泽、曾广均、曾约农、曾宝荪、曾宪植、曾昭抡等是著名的外交家、诗人、教育家、科学家或高级干部。这让我们十分惊叹，优良家风的创造与传承是多么重要！

学生4：处世方面（如何为人处世）

困惑点：人际关系较弱、如何处理学习和人际交往的关系？社交方面越广越好吗？当朋友的行为、准则、观念和你相冲突的时候，该如何处理？等等。

大家看看曾国藩是怎么说怎么做的。（生：略）

我是这样做的

"思得一二好友。"

"以宽厚之心待人。"

"誉人不可言不由衷。"

"人以伪来我以诚往。"

"君子愈让小人愈妄。"

"窗棂愈多则愈蔽明。"

——《曾国藩日记》《曾国藩家书》

首先我们是社会中的个体，一定还是得有人际交往例如和朋友、同学、老

师等。社交的广度很大程度上是和自己的个性相关，有些人就是自来熟，有些人就是绅士一点、内向一点。曾国藩认为朋友在精不在多。最重要的是做人要宽厚，待人要诚信，诚心、谨慎、不要莽撞、傲慢。与人相处两心相印、志同道合，不需要嘴上多说。至于如果和别人有冲突了，可以通过沟通解决，沟通解决不了，再做选择也不迟。譬如曾国藩与李鸿章发生了一些冲突，曾国藩是这样解决的。（故事4）要及时沟通，处理问题方式要巧妙一点。

故事4：曾国藩的家训中反复强调"最败人两字非傲即惰"。李鸿章是曾国藩同年（李鸿章父亲和曾国藩是同一年中进士）的儿子，是曾国藩认为的最好的学生。李鸿章很有才情，但为人较为傲气，也比较懒。曾国藩治军严格，规定所有人包括幕僚早晨五点多就得起，没打仗也得操练。但是李鸿章受不了，起不来，能拖就拖。有一天他没请假也没起来。曾国藩派人去请他吃早饭，李鸿章干脆撒谎说偶感风寒，就不去了。没多一会儿，曾国藩又派人来请，说必须等齐，才能开饭。李鸿章没办法，只得去了。大家都以为曾国藩肯定会狠狠地痛骂李鸿章一顿，但是没想到曾国藩不仅没有责骂他，反而平静得好像什么事都没有发生过一样。不想曾国藩吃完饭后，站起来对李鸿章说："少荃，你既然来我幕中，我就有言相告……就得守一个诚字。"李鸿章呆若木鸡。但是曾国藩这一句话的效果好，李鸿章再也没睡过懒觉。

同学们曾国藩除了在修身、为学、治家、处世方面影响着后人，还在从政、治军等方面也有很多珍贵的东西，等着我们去挖掘，也可为我们未来的职业生涯提供一些借鉴和思考。

曾国藩一生角色是多元的。其实每个人在生活当中扮演着不同的角色，每一个阶段都有角色的侧重点。每一个角色和每一个阶段都是可贵的。曾国藩这个历史人物，正因为这些丰富的角色，让我们感受到他不是一个脸谱化的人物，而是一个厚重、矛盾、有血有肉的人物，才能给后人留下无尽的评说。正如梁启超先生这样评价他。我们大家一起高声朗读出来：

他的一生，也一直在逆境之中，然而他立德、立功、立言，达到了古人所说的三不朽的境界，他的成就震古烁今，没有一个人能跟他相比，这是什么原因呢？

他一生得力的地方，在于立志自拔于流俗，而困而知，而勉而行，历尽百千险阻而不屈服；他不求近效，铢积寸累，受之以虚，将之以勤，植之以刚，贞之以恒，帅之以诚，勇猛精进，坚苦卓绝；如此而已！如此而已！

（设计意图：通过跨越时空对话的方式，意在启发学生从"他人"的生涯发展中去建构"自我"的生涯发展。曾国藩是一介普通农家子弟，最终成为晚清风云人物，留给后人不尽的评说。他是一个饱满的，而不是脸谱化的历史人物。他一生角色也是多元的。如何扮演好每一个角色，曾国藩在修身、为学、治家、处世、从政、治军等方面仍具有现实意义，以激励学生自我反思、自我调整、自我实践。）

板书设计：

主板书	副板书
评历史人物 悟生涯发展 了解曾国藩 评价曾国藩 对话曾国藩	"民贼"　　　　　"中兴名臣" "汉奸"　　　　　"儒学传人" "刽子手"　　　　　"进化者" "卫道士"　　　　　　"完人" 史论结合 + 历史的 + 辩证的

教学反思：

生涯发展与学科融合课程是一种新的尝试，是亮点，也是挑战。在融合的自然度和深度上还有研究的空间，在生涯发展理论上还需加强。第三板块是本课的高潮，在如何真正激发学生表达、反思和实践上还需进一步研究。同时由于时间有限，这一版块学生只能进行2~3个话题的对话，每一个话题意犹未尽，也是一种遗憾。

生涯一点通：

本课的设计有两处创新：第一，将历史学科与生涯发展相融合；第二，将历史学科素养的培养融入历史人物的评价之中。通过教学实践，基本上能够达到预设目的——培养学生学科素养，唤起生涯发展及规划的意识。

第 8 课 新时代的劳动者

——政治学科生涯课例

温 宇

授课背景：

从 1983 年修建大桥构想的提出，历时 35 年，港珠澳大桥项目跨越伶仃洋，东接香港，西接珠海和澳门，是"一国两制"框架下粤港澳三地首次合作建设的大型跨海交通工程，也是世界上最长的跨海大桥工程，被誉为"世纪工程"。港珠澳大桥全长 5664 米的海底隧道是世界上最长的海底沉管隧道。沉管隧道浮在水中的时候，每一节的排水量超过了"辽宁号"航母满载时的排水量。同时，为了使大桥更顺利建成，工程专家们也是在一些项目完成上精心挑选了海上气候条件等，可以说它的完成，达到了最精细、精准的地步。港珠澳大桥的建成更是彰显了国人精益求精的工匠精神、敬业奉献的劳模精神和敢为人先的创新精神，见证了中国工程技术发展前进的步伐，体现了我国国力正在不断壮大，是中国历史长河中一颗璀璨的明星。

新高考政策的出台对于高中的教学无疑发出了新的挑战，面临着选考的高中学生确定事关大学专业选择的选考科目就显得尤为重要。学生们必须在高一就明确自己今后的职业领域从而确定大学报考的专业，对照心仪的高校大致确定选考科目。因此，学生需要更多的生涯规划学习和指导。我校有一项特色活动，即"对话职场，指引未来"生涯规划活动，该活动首先对学生未来职业选择进行意向调查，然后由学校组织邀请学生关注度较高的行业代表人物来校与学生进行相关交流，从而加深学生对职业的了解，明确自身将来的学业、职业选择。

国际组织把核心素养视为课程设计的 DNA，我国把核心素养置于进一步深化课程改革、落实立德树人目标的基础地位。核心素养是一个人为了适应未来社会并实现自我发展，能够在复杂情境下解决问题的最关键、最重要的能力与品格。由此可见，核心素养不是个人内部自然产生的，而是个体在与情境的相互作用中形成的，这些情境包括家庭、学校、社区资源以及公共领域等不同的方面。在与复杂情境的有效互动中，在应对解决复杂问题的挑战中，个体运用的一定不是单一的知识、技能、态度，而是三者的总和。

学情分析：

在了解了上一框题《公司的经营》后，学生有必要对财富的创造人——劳动者加以了解，只有了解了劳动者的就业情况，才能更全面地掌握公司的经营。因此本框题内容是对前面知识的延伸和拓展。第二单元最后的综合探究活动内容为《做好就业与自主创业的准备》，只有掌握了本框题的知识才能更好地参与活动，所以本框题又是后面活动课的理论铺垫。

政治必修一是以在社会主义市场经济的大背景下，讲述消费—生产—交换—分配四个环节，而就业是生产环节的落脚点。特别是劳动者如何就业、创业，这些对于帮助学生树立正确的就业观念具有重要的意义。同时就业是我们必须要面对的一个现实问题，所以通过学习可以使学生掌握一定的就业技能、就业常识，提升将来参与经济生活的能力。

教学目标：

1.学生能够在港珠澳大桥的建设过程中，了解就业的意义，感受劳动创造美，感悟精益求精的工匠精神、敬业奉献的劳模精神和敢为人先的创新精神，并将这种精神转为自觉行动。

2.引导学生根据自己的兴趣、特长和能力选择职业，培养学生的理性精神，树立正确的就业观，将个人职业理想和国家需要相结合，服务国家需求"大舞台"。

3.增强学生对中国特色社会主义制度和道路的政治认同。

教学重点、难点：

教学重点：引导学生了解就业的意义，感受劳动创造美，树立尊重劳动和劳动者的思想。

教学难点：树立正确的就业择业观，这是每一位学生在未来就业过程中都不得不思考的一个现实问题。只有掌握了什么是正确的就业择业观以及怎样树立正确的就业择业观，才能在选择职业时考虑到各种因素，懂得面对巨大的就业压力该如何应对，从而成就出彩人生。

教学过程：

教学过程

新时代劳动者如何成就出彩人生			
教学环节	教师活动	学生活动	设计意图
新课导入	港珠澳大桥图片素材	领略港珠澳大桥风采	激发爱国情怀，培养学习兴趣
一、走近林鸣：匠心造就奇迹	1.播放视频《朗读者——林鸣》片段 2.设置问题情境，组织学生自主合作探究	【情景探究一】 结合视频、照片、材料和教材知识,合作探究下列问题： （1）港珠澳大桥第一次合龙后，接口16公分的偏差已经实现了结构安全且滴水不漏，林鸣为什么不顾众人反对将最后接头重新返工？ （2）现在的林鸣相比工程前更瘦了，更苍老了。为什么林鸣更喜欢现在的自己？	1.引导学生感悟精益求精的工匠精神、敬业奉献的劳模精神和敢为人先的创新精神，并将这种精神转为自觉行动 2.港珠澳大桥的建成体现了我国集中力量办大事的政治优势，引导学生增强对中国特色社会主义制度和道路的政治认同
			1.了解就业的意义 2.感受劳动创造美和树立尊重劳动以及劳动者的思想
		学生分享：点赞生活中的劳动者	营造劳动光荣的社会风尚和精益求精的敬业风气

续表

新时代劳动者如何成就出彩人生			
教学环节	教师活动	学生活动	设计意图
二、对话职场：梦想指引方向	课前发放、统计"对话职场梦想指引未来"职业选择意向调查表	1. 完成"对话职场，梦想指引未来"职业选择意向调查表（课前） 2. 分享职业选择 ①你的职业理想是什么？选择该职业的理由？ ②你理想的就业地区是哪里？ 3. 结合职业选择意向统计数据，分析就业市场的特点	1. 跨学科融合，在政治学科的学习过程中渗透职业生涯规划 2. 引导学生根据自己的兴趣、特长和能力选择职业，培养学生的理性精神，树立正确的就业观
三、对接时代：奋斗创造未来	展示数据、图片	【情景探究二】 结合材料和教材知识，合作探究以下问题： 新时代中学生为迎接严峻就业形势的挑战，应做哪些准备？	1. 明确新时代中学生为迎接严峻就业形势的挑战应具备哪些素质 2. 通过展示新时代对劳动者的要求，引导学生将个人职业理想和国家需要相结合，服务国家需求"大舞台" 弘扬奋斗精神，引导学生刚健有为、自强不息
课堂总结	匠心造就奇迹——筑匠心 梦想指引方向——有梦想 成就出彩人生 奋斗创造未来——勤奋斗		

板书设计：

110

教学反思：

《新时代的劳动者》闪现着新课程理念的光环，很好地解决了教学中"学思结合、知行转化"的难题，实现学生"认知、认同和践行"相统一。

走近劳模，巧选设疑启动学生思维。在新课程改革背景下，中学思政课的课堂提问恰当与否，直接关系到新课程教学目标能否实现和教学效果的好坏，是一项技巧，也是一门艺术。然而，在第一幕中抛出林鸣为什么不顾众人反对重新返工、林鸣为什么更喜欢现在的自己等问题，抓住了学生的注意力，引导学生感悟工匠精神、劳模精神和创新精神，并将这些精神转为自觉的行动。接着，她又提出寻找生活中的劳动者，感受劳动美，深入浅出地阐述了平凡岗位上成就卓越人生的大道理，有利于培养学生树立尊重劳动及劳动者的思想。

本堂课以新课程理念为引领，做到了科学性与趣味性、知识性与教育性、理论与实践结合。这堂课美中不足的地方就是知识性目标有待加强。

生涯一点通：

对话职场，善用数据培养正确择业观。教育大数据对信息的整合、预测及内在的理性价值追求，能够实现教学互动的即时决策与个性引导，它是课堂教学合理化、科学化的有效手段。第二幕以数据为引领，展示了学生理想职业以及理想职业地区柱状图，非常直观形象地分析出学生的职业选择问题，引导学生进行个性化、理性化、科学化选择职业，很好地达到了教学效果。

对接时代，强化互动进行情感升华。第三幕展示新时代就业形势以及职业现状，给予充分的时间给学生自由谈论、合作探究。最后，通过展示新时代对劳动者的要求，引导学生将个人职业理想和国家需要相结合，服务国家需求"大舞台"，把握时代脉搏，进行情感升华。

第9课 蓝贝儿的"融城梦"

——地理学科生涯课例

彭建锋

授课背景：

地理学科核心素养是地理学科育人价值观的集中体现，《普通高中地理课程标准》中特别指出地理课程旨在使学生具备人地协调观、综合思维、区域认知、地理实践力等地理核心素养，学会运用地理的视角认识和欣赏自然与人文环境，提高生活品位和精神境界，为培养有见识、有胸怀、有责任感、有行动力的公民奠定基础。在新高考选课走班的背景下，高中阶段生涯规划教育已经成为重要趋势，其中学科教学与生涯规划相融合是重要途径之一。

本节课以蓝贝儿的"融城梦"为线索，选取学生熟知的城市规划案例之长株潭一体化为背景进行课堂教学。从交通先行，到产业兴旺；从电力资源供给，到生态文明建设，每一个环节都通过学生自身扮演具体的职业就如何建设兴旺发达、绿色美丽的长株潭城市群进行讨论。最后立足于长株潭的红色旅游和党史教育基地，从生活富裕的角度设计红色旅游线路图，学习百年党史，增添爱国情怀。课程分为五个部分，环环相扣，整个学习过程其实本身就是以不同身份的"长株潭城市群的建设者"的模拟职业体验。

本节课选择"实—谈—创"的教学模式，从历史和现实的角度分析长株潭一体化的建设背景，引发学生以"建设者"的身份为长株潭城市群的发展献计献策。通过交通建设、产业布局、电力资源、生态环境的实际现状，结合学生的现实生活，让学生运用地理学科知识从一名具体的行业从业者的角度出发共同探讨，解决问题，了解相关的职业信息，最后联系党史教育和爱国教育设计红色旅游线路，设置课后任务"长株潭地区未来会如何发展"，让学生发挥想象，自主思考，激发学生的创新意识，这既是城市建设工作的真实延续，也是本节课内容的迁移应用。

学情分析：

本节课在学完选择性必修 2 之后实施。在学习本课之前，学生已经具备一定的区域发展知识，了解产业区位选择、区域发展战略等多种发展方式，能够对城市的产业区位因素和布局进行多角度、多层次的分析。在教材上对地理学相关职业的介绍有一定的了解，但是大部分同学缺乏对相关职业真实工作内容和环境的体验，并且对普遍对产业规划师等相关职业了解较少。

教学目标：

1. 能够在长株潭一体化的背景下，灵活运用交通规划、产业规划等方面的人文地理知识，多角度、多层次、多方位地为长株潭建设提供优化意见；

2. 能够运用资源、环境与可持续发展的相关知识，根据目前长株潭建设中出现的问题，说出解决方案，进一步理解研究生态环境保护的现实意义；

3. 在思考解决实际问题的过程中，增加对交通规划师、电力工程师、旅游计调师等相关职业的了解，激发职业规划意识；

4. 依托湖南红色旅游资源和党史教育景点，自主设计红色旅游路线，深化党史学习，厚植家国情怀，激发为国效力的使命感，树立远大理想。

教学重点、难点：

教学重点：运用地理学知识解决真实情境中的问题；了解规划相关的国家战略和相关职业，激发职业规划意识。

教学难点：灵活运用交通规划、产业规划等多方面的人文地理知识，依据实际问题为长株潭建设提供优化意见；通过资源、环境与可持续发展等相关知识，针对长株潭生态文明建设提出改进建设方案，激发职业规划意识；依托湖南省的红色旅游资源，设计旅游路线，深化学生的爱国情怀。

整体思路:

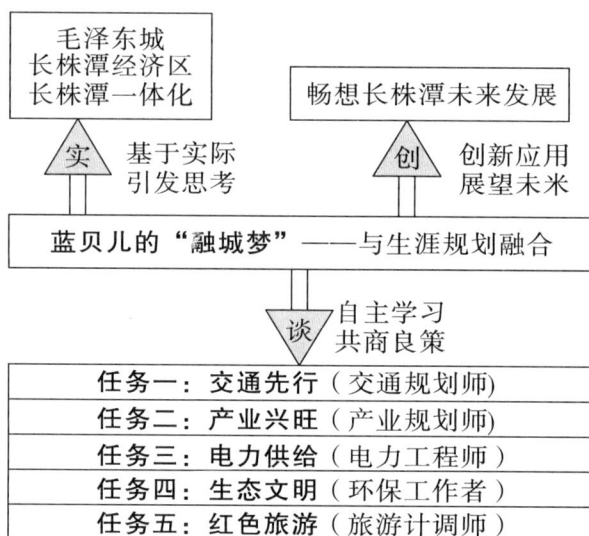

教学过程:

教学过程

环节	教学活动	设计意图
课前准备	1.了解长株潭一体化的具体情况,充分挖掘与高中地理学学习内容相关的素材; 2.查阅长株潭一体化策略的相关文献资料; 3.安排兴趣小组的同学针对长株潭一体化的规划进行学习,了解长株潭一体化的背景和发展方向,为现场职场模拟做好汇报准备	【学科教学】 创设科研与生产生活的真实情境,解决真实问题,尽力确保真实性和科学性 【生涯规划】 增加学生实践体验机会
	【导入】长株潭城市群这一城市规划案例与学生的生活息息相关,"蓝贝儿"作为校园文创产品更是广受学生喜爱,通过"蓝贝儿"这一角色的"融城梦"讲述长株潭城市群建设过程中的问题。选择源于学生生活的案例——长株潭城市群的提出背景,引起学生的共鸣,激发学生的学习兴趣,也能通过相关介绍,把长株潭融城的背景呈现出来,为后面的学习任务做好铺垫	【学科教学】 从历史和现实的角度分析长株潭一体化的建设背景,引发学生以"建设者"的身份为长株潭城市群的发展献计献策

续表

环节	教学活动	设计意图
基于实际引发思考（"实"）	【合作任务一】交通先行（交通规划师） 1.俗话说要想富先修路，同学们说出心中的长株潭城市群的交通； 2.展示长株潭城市群的发展过程中的交通变化情况以及仍然存在的问题； 3.小组讨论，针对长株潭交通的相关问题应该怎样进一步发展，说出可以解决的办法和简单思路	【学科教学】 以百姓之声这一栏目引入，讲述长株潭目前的交通状况以及人民在生产生活过程中发现的问题。小组针对相关问题展开讨论，运用所学知识解决现实问题，之后派代表讲述解决方案，加深理论与现实之间联系的理解 【生涯规划】 链接湖南省政府参事朱翔教授进行专家点评，具体阐述长株潭交通的规划方向。引入"十四五"规划，与学生提出的建议想衔接，激发学生对交通规划师的兴趣以及对职业探索热情
	【合作任务二】产业兴旺（产业规划师） 1.通过数据，展示长株潭三市的产业具有两大特征，分别是趋同性和互补性； 2.根据材料，思考长株潭地区产业应当如何实现转型突破呢？小组讨论，为长株潭产业的发展贡献自己的力量	【学科教学】 设置学习任务：思考长株潭地区产业应当如何实现转型突破？小组合作提出优化方案，说出优化原理 【生涯规划】 链接湖南省政府参事朱翔教授进行专家点评，具体阐述长株潭产业的规划方向。引入"十四五"规划，与学生提出的优化方案想衔接，进行产业规划师生涯导引
	【合作任务三】电力供给（电力工程师） 1.呈现"长沙限电"的新闻，许许多多的工业企业停工停产，原材料价格的飞涨； 2.小组讨论，电力部门应当如何保障电力供应呢？说出可以解决的办法和简单思路； 3.结合长株潭实际情况，从"开源"和"节流"两方面小结电力供应对策	【学科教学】 展示长沙限电的搜索词条，工业产品的涨价通知图片，引入限电的原因，从消费和供给两个方面分析，引导学生从电力工程师的角度思考电力部门应当如何保障电力供应 【生涯规划】 数据资料的呈现，链接具体的电力保障方案，树立资源节约意识，做好人生规划

续表

环节	教学活动	设计意图
基于实际引发思考（"实"）	【合作任务四】生态文明（环保工作者） 1.展示绿水青山就是金山银山，环境保护，人人有责。在工业企业不断发展的情况下，环境污染问题愈发严重； 2.引出典型的代表：清水塘老工业区，正是这种高耗能、高污染的企业的存在，使得我们这儿的环境出现了大气污染、土壤污染、水污染等问题。请同学们扮演环保工作者思考一下长株潭地区应当如何建设绿色美丽的家园	【学科教学】 通过视频展示清水塘老工业区的污染问题，引入目前长株潭地区的大气污染、水污染、土壤污染等环境问题，引导学生从环保工作者的角度思考长株潭应当如何建设绿色美丽的家园 【生涯规划】 链接湖南省政府参事朱翔教授进行专家点评，具体阐述长株潭生态环境的规划方向。引入"十四五"规划，与学生提出的优化方案相衔接
	【合作任务五】红色旅游（旅游计调师） 1.展示湖南省自然资源厅发布的湖南党史教育地图和湖南红色旅游地图； 2.依托长株潭地区丰富的旅游资源，同学们作为一名旅游计调师应当如何来规划一条长株潭旅游路线？	【学科教学】 在产业兴旺、生态文明、治理有效的情况下，休闲旅游的人数逐步增加。展示湖南党史教育地图和湖南红色旅游地图，引导学生从旅游计调师的角度如何规划一条长株潭旅游线路 【生涯规划】 综合运用本课所学知识，迁移应用引入党史教育和爱国主义教育，激发学生为国效力的使命感
展望未来创新应用（"创"）	新时代更应该以时代为己任，以责任为担当，努力建设我们的新家园。亲爱的同学们，你们能结合所学知识，从交通规划、产业布局、生态治理、资源保障、旅游开发等方面，谈一谈你认为长株潭未来是如何发展的吗？	【学科教学】 畅想长株潭地区未来会如何发展。用类似的真实情境对本课所学进行迁移应用

板书设计：

蓝贝儿的"融城梦"

现实情况→	交通先行（交通规划师） 产业兴旺（产业规划师） 电力供给（电力工程师） 生态文明（环保工作者） 红色旅游（旅游计调师）	←解决问题
	↓ 展望未来	

教学反思：

（一）本案例的主要特点

1.创设整体教学情境，设置与环节相关的任务，解决现实问题；

2.融合生涯规划教育，了解职业信息，激发职业规划意识。

（二）本案例的优化方向

1.进一步挖掘素材，结合高中地理教材内容进行单元教学整体设计；

2.进一步增加实践环节，如组织学生进行实地调研，开展长株潭发展的研学实践活动等。

生涯一点通：

多元的社会角色发挥着不同的社会功能，个人的生涯一定是在与他人生涯的互动中相互成就，课例中巧妙地运用小组合作探究，让学生体验到不同社会角色，社会群体如何在一个具体情境中相互影响、相互制衡，帮助学生看到个人生涯与他人的关系。

后 记

　　湖南师大附中的生涯教育先后经历了三个阶段，早在20世纪80年代，生涯教育的雏形就已经出现，这时的生涯教育主要渗透在学校的各类活动中，例如学生参与农村生活体验、走进工厂企业体验、体验军营生活等，这时的生涯教育更多以学生个人体验为主，教学效果更多依靠学生个人悟性，教学方式也缺乏系统的理论指导。90年代以来，学校开设了心理健康教育课程，由心理老师为主导，以体验式、启发式、活动式课程为主要形式的生涯教育课程正式开设，这就是我校生涯教育的第二个阶段，与心理健康教育并行，给予学生科学理论指导，唤醒学生生涯发展的意识，教授学生生涯规划的技能。从这一阶段开始，生涯教育更加专业和科学，但仍旧感觉与现实生活存在部分脱节。2017年前后，我校对生涯教育进行了再思考，开始尝试将生涯意识和生涯理念更多地融入学生真实具体的生活中去，学科生涯的概念和实践开始萌芽。时至今日，学科生涯在附中已经初显成效，生涯教育进入第三阶段。

　　本书尝试将生涯教育融入学科教学，旨在为学生提供更具实践性的学习体验，促进跨学科学习，提升学生的自主学习和问题解决能力，帮助学生设计职业规划，使他们更好地适应未来职业发展的需求。

　　本书主要包含两大板块，分别为启蒙篇和融合篇。启蒙篇主要是对各个学科的介绍，包含学科的内涵和外延、与学科密切相关的职业、学科未来的发展等，这一部分内容可以给学生提供关于学科"为什么学"和"学了有什么用"的信息，有助于学生更好地进行高一阶段的选科决策和激发学习动力。融合篇则是呈现了学科教学中如何融合生涯的理念、生涯知识和生涯技能，旨在通过一些具体实操过的课例，帮助老师们看见生涯教育和学科教学的具体融合路径和方式。

本书是课题组成员和编委会成员智慧和汗水的结晶。全书由黄月初规划与统筹，袁春龙负责整理和汇总。启蒙篇部分的了解语文课例由李小军撰写；了解数学课例由赵优良撰写；了解英语课例由胡玲玲撰写；了解物理课例由刘熠撰写；了解化学课例由殷艳辉撰写；了解生物课例由朱昌明撰写；了解历史课例由周育苗撰写；了解政治课例由蒋平波撰写；了解地理课例由杨婷撰写；融合篇部分的语文学科生涯课例由陈超撰写；数学学科生涯课例由赵优良撰写；英语学科生涯课例由邓慧撰写；物理学科生涯课例由曾心撰写；化学学科生涯课例由殷艳辉、黎敏撰写；生物学科生涯课例由向阳撰写；历史学科生涯课例由周育苗撰写；政治学科生涯课例由温宇撰写；地理学科生涯课例由彭建锋撰写；心理老师黄月初、袁春龙、左小青、李志艳、李浩参与整本书的撰写协调与沟通以及书中融合篇部分各课例的生涯一点通撰写。

本书的出版，凝聚了学术界众多专家、教授的殷殷期待。刘铁芳教授热情为本书作序，对本书的特点、价值进行了高屋建瓴的总结，为我们今后的工作提供了更加广阔的思路。感谢湖南省教科院杨敏副院长、黄龙威主任对本书的耐心点拨，感谢湖南师范大学教科院张绍军博士对本书的精心指导，感谢湖南师范大学出版社莫华主任对本书的细心编校。

虽然湖南师大附中的生涯教育、学科生涯已经初见成效，但研究和实践还将继续，我们永远奔跑在耕种和收获的路上。

由于时间仓促，编写水平有限，书中难免出现疏漏之处，敬请批评指正，不胜感谢！

黄月初　袁春龙

2023 年 6 月

图书在版编目(CIP)数据

普通高中学生生涯规划教育课例研究:学科生涯 / 黄月初,袁春龙主编. —长沙:湖南师范大学出版社,2023.9

(基于新课程标准的课例研究丛书 / 谢永红,黄月初主编)

ISBN 978 - 7 - 5648 - 5000 - 5

Ⅰ.①普…　Ⅱ.①黄…②袁…　Ⅲ.①高中生—职业选择—教学研究　Ⅳ.①G635.5

中国国家版本馆 CIP 数据核字(2023)第 147399 号

普通高中学生生涯规划教育课例研究:学科生涯

Putong Gaozhong Xuesheng Shengya Guihua Jiaoyu Keli Yanjiu:Xueke Shengya

黄月初　袁春龙　主编

◇出 版 人:吴真文
◇责任编辑:莫　华
◇责任校对:王　璞
◇出版发行:湖南师范大学出版社
　　　　　地址/长沙市岳麓区　邮编/410081
　　　　　电话/0731 - 88873071　88873070
　　　　　网址/https://press. hunnu. edu. cn
◇经销:新华书店
◇印刷:长沙市宏发印刷有限公司
◇开本:710 mm×1000 mm　1/16
◇印张:8.5
◇字数:160 千字
◇版次:2023 年 9 月第 1 版
◇印次:2023 年 9 月第 1 次印刷
◇书号:ISBN 978 - 7 - 5648 - 5000 - 5
◇定价:28.00 元